U0625036

李玲 著

大学生职业生涯规划能力提升与就业指导研究

延吉·延边大学出版社

图书在版编目（CIP）数据

大学生职业生涯规划能力提升与就业指导研究 ／ 李玲著. -- 延吉：延边大学出版社，2024.7. -- ISBN 978-7-230-06940-3

Ⅰ．G647.38

中国国家版本馆CIP数据核字第2024FY8202号

大学生职业生涯规划能力提升与就业指导研究

著　　者：李　玲

责任编辑：张海涛

封面设计：文合文化

出版发行：延边大学出版社

社　　址：吉林省延吉市公园路 977 号　　　邮　编：133002

网　　址：http://www.ydcbs.com　　　　E-mail：ydcbs@ydcbs.com

电　　话：0433-2732435　　　　　　　　传　真：0433-2732434

印　　刷：廊坊市广阳区九洲印刷厂

开　　本：710 毫米 ×1000 毫米　1/16

印　　张：12.75

字　　数：200 千字

版　　次：2024 年 7 月第 1 版

印　　次：2024 年 8 月第 1 次印刷

书　　号：ISBN 978-7-230-06940-3

定　　价：78.00 元

前　言

在当今这个日新月异的时代，职业生涯规划与就业指导越来越重要。对于个体而言，一项清晰、合理的职业生涯规划不仅能够指引其前行的方向，更是实现个人价值、提升竞争力的关键所在。有效的就业指导，能够帮助人们更好地理解职业市场，把握就业机会，实现职业发展的顺利过渡。

职业生涯规划能力的提升，是一个系统而持续的过程。它要求大学生从自我认知出发，深入了解自己的兴趣、能力和价值观，明确自己的职业倾向和发展目标。在此基础上，积极地收集和分析职业信息，了解行业的发展趋势和岗位的需求变化，以便为自己的职业发展做出明智的选择。同时，大学生还需要不断学习和提升自己的技能，积累实践经验，为未来的职业发展打下坚实的基础。

就业指导是一个将理论与实践相结合的过程。它不仅给大学生提供关于职业市场的信息和数据，还教授他们如何制定有效的求职策略、如何撰写简历和掌握面试技巧等实用技能。通过就业指导，大学生可以更好地了解职业市场的需求和变化，把握就业市场的脉搏，为自己的职业发展做好充分的准备。

在当前经济全球化和科技迅猛发展的背景下，职业市场的竞争日益激烈。如何提升自己的职业生涯规划能力，如何在就业市场中脱颖而出，已经成为每个大学生必须面对和解决的问题。因此，大学生有必要加强对职业生涯规划与就业方面的学习和研究，不断提升自己的综合素质和竞争力。

职业生涯规划与就业指导并非一蹴而就的事情，而是一个长期、持续的过程，需要大学生不断地进行自我反思、学习和调整。在这个过程中，可能会遇到各种困难和挑战，但正是这些经历，塑造了大学生坚韧不拔的毅力，让他们更加成熟和自信地面对未来的职业生涯。职业生涯规划与就业指导不仅仅是个人的事情，社会、企业和学校等方面也承担着重要的责任。社会应该营造一个公平、开放的就业环境，为每个人提供平等的就业机会。企业应该建立完善的培训体系和发展通道，帮助员工实现职业成长。学校则应该加强对学生职业生涯规划的教育和指导，帮助他们树立正确的职业观念和发展目标。

目录

第一章 职业概述

第一节 职业的内涵及功能

随着社会生产和社会需求的发展，经过无数次的分化和组合，形成了现代社会数以千计的职业类别。也正是这些数以千计的职业，为人们提供了生存机会，也为每个人提供了施展才华的舞台和体现自身价值的途径。

求职择业是人生必经的一个门槛。迈进求职门槛的大学生，首先应该了解社会职业的一些基本知识。职业决定人生、改变命运，是人类社会发展到一定阶段的产物，是人的一种社会活动和生活方式，是一种经济行为，也是人们从社会中谋取利益的手段，对每个人来说都极为重要。

一、职业的内涵

在现实生活中，人们必须在一定的工作岗位上实现就业，但人们对"职业"一词却有不同的理解。职业选择对每个人来说都十分重要，而正确的择业必须建立在理性的思考和正确的理论指导基础上。因此，需要深刻把握职业的内涵。对职业的确切含义，不同的人有不同的认识。

美国学者舒尔兹认为，职业是一个人为了不断取得个人收入而连续从事的、具有市场价值的特殊活动，这种活动决定着从业者的社会地位。

我国的一些学者从"职业"一词的词义上进行了分析，认为"职"指职业、职责，包括权利和义务的意思；"业"指行业、事业，包含独立工作、从事事业的意思。这种观点认为职业的内涵是"职责和义务"。职业的外延包括 3 个方面的内容：有工作、有收入、有工作时间的限度。

由此可见，职业是人们通过专门技术劳动而取得个人收入、履行社会义务并取得社会地位的一种重要的社会现象。职业存在于社会分工中，在不同性质的岗位上，人们从事的工作在目标、内容、方式和场所上有很大的区别。一定社会分工或社会角色的持续实现，就形成了职业。

二、职业的特性

通过对职业范畴的分析，职业具有以下 5 个特点：

（一）社会性

职业充分体现了社会分工，是社会生产力发展的产物，每一种职业都体现了社会分工的细化，体现了对社会生产和社会进步的积极作用。社会成员在一定的社会岗位上为社会整体做贡献，社会整体也以全体成员的劳动成果而持续获得发展和进步。

（二）基础性

职业是个人、社会存在和发展的基础，因为职业为人们提供了生活所需的经济来源。人们为了生存就必须从事职业活动，各种社会活动和人文活动也多数建立在职业的基础上。有了职业生活，才有其他一切社会生活的基础。

（三）经济性

在承担职业角色并完成工作任务之后，劳动者凭借自身的劳动获得相应的报酬。一方面，社会、企业以及用人单位有义务向劳动者支付报酬；另一方面，劳动者以此维持家庭生活，这是保持整个社会稳定的基础。

（四）技术性

任何一个职业岗位都有相应的职业要求，能胜任和承担岗位工作的人，除了要具备该岗位的职业道德、责任义务和服务要求外，还要达到相应的技术水平。例如，所有的岗位对学历证书、职业资格证书、专业技术考核证书、上岗培训合格证、专业工作年限等都有明确的要求，劳动者只有达到这些要求才可以上岗。

（五）差异性

不同职业之间可能有着巨大的差异，这些差异包括职业劳动的内容、职业的社会心理、从业者个人行为模式等。一般来说，人类社会作为一个有机整体，必然存在职业分工。古人云"三百六十行"，现代社会的职业更是复杂多样。职业的差异性导致了不同职业者的不同社会人格，以及人在职业转换中面临的矛盾和困难。而随着劳动分工的细化、技术的进步、经济结构的变动和社会发展，新的职业不断出现，其数量大于被淘汰的旧职业的数量。当今社会职业差异还在继续增大。

三、职业的功能

职业的功能主要是指职业活动与职业角色对人和社会的作用与影响。概括起来包含以下几方面：

（一）职业是谋生的需要

人们必须通过参加社会劳动来获得必需的生活资料。人们为了获取生活资料而付出的那一部分劳动被称为职业劳动。人们通过劳动换取相应的报酬，满足谋生的需要，同时积累个人财富。

（二）职业满足人的精神需要，促进个性的健康发展

马斯洛需求层次理论把人的需要分为五个层次。职业除满足个人生理需要、安全需要这两种基本的物质需求外，对实现个人地位、权势、成就、尊重这些精神需求的意义更为重大。职业劳动本身是按照一定的社会规范和内在规律运行的，每种职业都有其独特的活动内容和要求，对从业者的生理和心理必然会产生重大的影响。当一种工作既能提供必要的物质条件，同时还能满足人的精神需要时，它就成为促进个性健康发展的途径。

（三）职业是社会存在和发展的动力

职业分工及其结构是社会经济制度与结构的重要组成部分，是社会经济发展水平的反映。人们通过职业劳动创造社会财富，为社会的存在和发展提供物质基础。职业的社会活动包括改善职业的向上流动、与社会经济结构相联系的职业结构变动、不同职业之间的矛盾冲突及解决等，这些构成了推动社会发展和进步的动力。

什么是热门职业？不同的人对这个问题有不同的理解。从人们普遍的认识看，热门职业一般有以下几个特点：一是需求紧缺的职业；二是人们最想从事的职业；三是社会声望高的职业。需要注意的是，热门职业并不是一成不变的，随着社会的发展和时间的推移，热门职业也会变成冷门职业。职业中的热门与冷门在一定的条件下会相互转化。

我国的人事管理机构根据全国各类专业协会的有关统计资料，对我国未来急需的人才进行了分析和预测。分析结果认为，我国 21 世纪的主导职业包括：会计类、计算机技术类、计算机软件开发类、环境保护类、健康医学类、咨询服务类、保险类、法律类、老年医学类、家庭护理和服务类、专业公关类、市场营销类、生物化学和生物技术类、心理学类、旅游类、人力资源类。这 16 类职业的基本情况及相关专业如下：

1.会计类。随着社会经济的发展和财务管理的规范化，社会上各类企事业单位对会计的需求也大大提高，会计成为各行业中的一个热门行业，社会地位和收入也较高。该行业的从业者应具有助理会计师、会计师和高级会计师等职称，一般需要具有会计、财经、统计学等专业的学历学位，并通过国家各等级的会计师资格考试，获得会计师上岗的专业资格证书。

2.计算机技术类。随着计算机技术的发展和广泛应用，计算机软硬件的应用和维护成为社会各行业工作的重要组成部分。因此，各行业（如银行、医院、政府部门、企业等）对计算机技术方面的专业人才的需求也越来越大，给这些专业人才的待遇也比较优厚。这些专业人才包括计算机硬件工程师、程序员、网络管理员、系统维护专家及数据库管理人员等，他们一般需要获得计算机、信息技术、电子技术等专业的学历学位。

3.计算机软件开发类。计算机技术的普及促进了计算机软件行业的飞速发展，软件开发成为计算机行业的重要开发领域，软件设计专家成为热门人才。软件开发专家主要从事操作系统、开发工具、应用软件等的开发工作，一般被要求具有计算机软件或相关专业的学历学位，并具有一定的软件开发经验。这项职业在未来相当长的时间里，将成为社会上高技术、高待遇水平的职业。

4.环境保护类。随着环境污染的加重，以及国家与公众环保意识的增强，社会对环境保护类专业人才的需求将呈直线上升趋势。环境保护具体包括环境监测、环境质量评价、环境治理（环境工程）和环境卫生等方面的工作，需要环境科学、地理学、生物学、环境化学、环境工程学等方面的专业人才。

5.健康医学类。改革开放以来，我国的人均收入和生活水平有了大幅提高，人们对自己的生活状态和健康状况越来越关注，健康医学应运而生，社会对健康医学人才的需求量逐渐增加。

6. 咨询服务类。当今的社会是一个信息膨胀的社会，信息获取已经成为科学技术发展和商业运作的关键环节。社会分工的精细化和专门化促进了信息咨询和相关咨询行业的发展，并成为社会发展和进步的一个主导职业。目前社会上的咨询行业有企业咨询、心理咨询、信息咨询（包括各种信息服务咨询）、教育咨询等。从事咨询业，需要具有教育学、心理学、管理学、信息科学、经济学等专业的学历学位。

7. 保险类。社会经济结构的变化给人们的工作和生活增添了很多不确定的因素，这就需要有完善的社会保障体系。社会保障体系的不断完善，促进了保险业的发展，保险业的发展将人们因不确定因素而所受的损失降到最低的限度。社会对保险业务员、管理人员、精算师和索赔估价员的需求不断提高，这些职位的待遇也高于一般的职业。一般从事保险业的人员需要获得保险学、金融学、经济学、管理学等专业的学历学位。

8. 法律类。随着社会的发展和进步，法律法规不断健全和完善，国家颁布的法律法规越来越多、越来越详细，普通百姓对繁多的法律条文不可能了解得十分清楚，从事司法工作的政府机构（如法院、检察院）也需要高素质、高学历的法律人才。同时，为了更好地开展法律咨询和处理刑事、民事案件，社会对律师的需求量将越来越大，律师行业将成为一种高智力、高社会地位和高收入的职业。从事律师行业，需要具有法律或其他相关专业领域的学历学位，并获得律师资格证书。

9. 老年医学类。人口老龄化是我国面临的一个严峻问题。随之而来的就是老年人的医疗、社会保障、心理健康等一系列社会问题，如何解决这样一个庞大群体各方面的需求，成为一个重要的、亟待解决的问题。其中老年医疗和保健是最突出的一个问题，老年医学相关职业的社会需求也将大大提高。社会急需医学、老年医学、健康保健和护理等方面的专业人才。

10. 家庭护理和服务类。社会生活和工作节奏的加快使家庭成员的压力加大，照顾病人、老人和孩子成为人们的沉重负担，家庭护理的需求也因此大大提高。相关的热门人才为幼儿教师和家庭服务人员，这类人员通常不需要很高的学历。但是，这个行业的管理者则需要具备社会服务、管理学等专业的学历学位。

11. 专业公关类。公关和企业形象设计对一个公司或企业的发展至关重要，公关行业因此成为极有发展前景的职业，该职业的从业者一般需要获得公共关系学、社会服务类、经济贸易类、管理类等专业的学历学位，并具有相关的工作经验。

12. 市场营销类。市场营销是企业产品销售非常重要的一个环节，在当今和未来社会发展中，产品的独立承销商和销售网络的建立将成为企业运作的主要形式。这些承销商和销售网络同时负责公司的广告宣传和销售服务。证券及金融业、通信、医疗器械、计算机与网络设备、一般的商业机构（如商场）等均需要市场营销方面的人才。从事这方面的人员一般需要具有市场营销学、管理学、经济类等专业的学历学位。

13. 生物化学和生物技术类。生物化学和生物技术是近些年科学研究与生物技术开发的一个热门领域，该领域在生物制药、保健品开发、人工蛋白质合成等方面有巨大的发展潜力。目前的新药主要是生物化学家与生物技术专家开发出来的，并对治疗和预防疾病起到了重要的作用。该领域的从业者一般需要具有生物化学、生物技术、生物医学、分子生物学等专业的学历学位。

14. 心理学类。我国已经将心理学列为 21 世纪重点发展的十几门学科之一。自 1997 年起，教育部在北京师范大学、浙江大学、华东师范大学等重点院校建立了心理学理论基础研究人才培养基地。此后，在心理学领域的投入力度逐年加大，心理学也逐渐成为一个受国家和社会关注的专业，在社会各行业中的需求量也不断提高。例如，从事市场研究、人力资源开发、心理咨询与心理治疗、学习障碍的矫正、教育、人机交互作用的研究等，均需要大量的心理学人才。在中国，心理学作为一门新兴的学科，也得到国家政府部门、社会各行业的广泛关注和重视，并在社会的各领域中得到广泛应用。从事心理学方面的职业，需要获得心理学或应用心理学专业的学历学位。

15. 旅游类。随着收入和生活质量的提高，人们在户外娱乐和旅游活动上的投入也逐渐增加，并促使旅游业迅速发展。旅游业是收益较高的行业。21 世纪，旅游业将迅速发展，人们在旅游方面的消费会大幅度提高，对旅游代理公司的需求也将大幅度增加，并带动相关产业迅速发展，如航空公司、出租车公司、客轮公司、宾馆和餐饮业等。旅游业的发展将促进社会经济的全面发展，旅游业也将成为国家重点开发的产业之一。该职业的从业者一般需要具有旅游管理学、地理学或相关专业的学位学历。

16. 人力资源类。未来社会的竞争是人才的竞争，谁拥有人才，谁就将在激烈的竞争中拥有立足之地。在近几年的发展中，无论是政府机构还是企业，都建立了专门负责招聘人才的人事机构或人力资源部，其职能已不再是传统的人才档案管理，而是招聘和培训员工，使人尽其才，物尽其用，最大限度地开发人力资源的潜力，创造最大的经济效益和社会效益。人力资源管理也因此备受企事业单位的重视，并成为政府和企业的重要职能机构。在国内新兴的大型企业和国外的大公司中也都设有专门的人力资源部，负责企业和公司的各级人才选拔和员工培训。如国内北大方正和联想公司，国外的苹果公司和微软公司等著名公司，均配置了专门的人力资源部门和人力资源专家。未来，社会对人力资源专家的需求也将不断增大。从事这方面职业的人才，需要具有人力资源管理、心理学、管理学等专业的学历学位。

第二节　职业的分类

所谓职业分类，是指采用一定的标准和方法，依据一定的分类原则，对从业人员所从事的各种专门化的社会职业所进行的全面的、系统的划分和归类。

在原始社会，人们为了生存的劳动都是简单劳动。随着人类的不断进化和劳动工具的不断改善，社会分工不断发展而形成专门的职业。随着生产力的发展，社会分工越来越细，职业也就越来越多。社会分工是职业分类的依据。在分工体系的每一个环节上，劳动对象、劳动工具以及劳动的支出形式都各有特殊性，这种特殊性决定了各种职业之间的区别。

一、我国现行的职业分类

《中华人民共和国职业分类大典》是我国第一部对职业进行科学分类的权威性文献，初版于 1999 年正式颁布。由于它的编制与国家标准《职业分类与代码》（GB/T6565-2015）的修订同步进行，相互完全兼容，因此，它本身也就代表了国家标准。《中华人民共和国职业分类大典》在广泛借鉴国际先进经验（特别是《国际标准职业分类》）和深入分析我国社会职业构成的基础上，突破了过去以行业管理机构为主体，以归口部门、单位甚至用工形式来划分职业的传统模式，采用了以从业人员工作性质的同一性作为职业划分标准的新原则，并对各个职业的定义、工作活动的内容和形式以及工作活动的范围等做了具体描述，体现了职业活动本身固有的社会性、目的性、规范性、稳定性和群体性等特征。《中华人民共和国职业分类大典》科学、客观、全面地反映了当前我国社会的职业构成，填补了我国长期以来在国家统一职业分类领域存在的空白，具有深远的意义。

初版《中华人民共和国职业分类大典》把我国职业划分为由大到小、由粗到细的4个层次：大类（8个）、中类（66个）、小类（413个）、细类（1838个）。细类为最小类别，即职业。8个大类分别划分如下：

第1大类：国家机关、党群组织、企业、事业单位负责人，其中包括5个中类、16个小类、25个细类。

第2大类：专业技术人员，其中包括14个中类、115个小类、379个细类。

第3大类：办事人员和有关人员，其中包括4个中类、12个小类、45个细类。

第4大类：商业、服务业人员，其中包括8个中类、43个小类、147个细类。

第5大类：农、林、牧、渔、水利业生产人员，其中包括6个中类、30个小类、121个细类。

第6大类：生产、运输设备操作人员及有关人员，其中包括27个中类、195个小类、1119个细类。

第7大类：军人，其中包括1个中类、1个小类、1个细类。

第8大类：不便分类的其他从业人员，其中包括1个中类、1个小类、1个细类。

随着社会经济的发展，职业类别也发生了相应的变化。2022 年，人力资源社会保障部向社会公示了新修订的《中华人民共和国职业分类大典》，所收录的职业包括大类 8 个、中类 79 个、小类 449 个、细类 1636 个，并首次标注了数字职业。从职业结构看，职业的分布有 3 个特点：第一，技术型和技能型职业占主导。"生产、运输设备操作人员及有关人员"这一大类占实际职业总量的 60.88%，它们分布在我国工业生产的各个主要领域。第二，第三产业职业比重较小，仅占实际职业总量的 8% 左右。三大产业中，第二产业的职业比重最大。第三，知识型与高新技术型职业较少。现有职业结构中，属于知识型与高新技术型的职业数量不超过总量的 3%。

二、社会职业

目前，我国的社会职业可以被分为 16 个部门，主要分为农林牧渔业、采掘业、制造业、电力煤气和自来水业、建筑业、地质勘查和水利管理业、交通运输仓储和邮电通信业、批发零售贸易和餐饮业、房地产业、社会服务业、卫生体育和社会福利业、教育文化艺术和广播电影电视业、科学研究和技术服务业、国家机关、党政机关和社会团体及其他，共计 16 个部门。

国民经济的 16 个部门，可以被概括为三大产业。

第一产业具体是指农、林、牧、渔业。第一产业主要从事初级产品的生产，在整个国民经济中处于基础地位，其产品除了直接为人们消费外，也是第二产业进行生产的原材料。

第二产业主要对初级产品进行多种层次的加工，为社会提供各种生产资料和生活资料。具体是指在国民经济中居于核心和骨干地位的制造业、采掘业、建筑业等工业生产领域。第二产业具有吸纳大量劳动力、提供大量工作岗位的功能。

第三产业在整个国民经济中担当完成流通、提供服务和社会管理的职能。从全世界的发展趋势来看，第三产业的比重增加迅速，在一些经济发达的国家，从事第三产业的人员已经占全部从业人员的一半以上。

社会职业另一个具体的表现形式为企业。企业的类别分为7种：国有企业、集体企业、私营企业、乡镇企业、外资企业、合资企业、股份制企业。除企业外，还有事业单位、政府机关、社会团体、自主劳动单位等形式的存在。

三、职业发展的趋势

职业自产生以来，就随着社会生产的进步和社会分工的发展而不断地发生变化，总体分为以下几个趋势：一是社会职业的种类越来越多；二是行业变化的速度越来越快；三是由单一、基础型向跨专业、复合型转化；四是由封闭型向开放型转化；五是由传统工艺型向信息化、智能化转化；六是由服务型职业向知识技能型发展。

当前，就业环境出现了前所未有的新状况：一是劳动岗位中体力劳动和脑力劳动相融合，且体力劳动所占的比例越来越小；二是与传统专业绝对对口的专业越来越少；三是劳动岗位的地域空间越来越小，行业特征已经不像过去那么鲜明；四是岗位所需的职业知识和技能更新周期缩短，复合程度提高。由此可见，未来宽口径复合型和通用型专业的大学生的择业余地较大，用人单位对大学生的非专业综合素质的要求逐渐提高。

四、当前社会的热门职业

当前，我国经济得到了长足的发展，职业作为经济社会发展的产物，已经发生了很大的变化。一大批新兴行业不断涌现，为大学生创造了大量的就业机会。当前的热门专业呈现出不同的特征。热门专业主要是以当前人才紧缺的程度来判断的。在当前经济发展过程中，由于产业结构的调整或者重大经济发展契机的出现，会使某些行业出现人才紧缺的情况，从而带动某些职业成为热门职业。据相关统计，当前和今后几年急需的人才主要是以电子信息技术、智能制造、生物工程、航天技术、海洋利用和新能源为代表的高新技术人才。

收入水平高也是热门职业的重要特征之一。人们在选择职业的时候，往往很重视收入的高低。此外，从当前招聘市场上的供需状况来看，计算机、通信、机械等是目前市场上需求量较大的专业。

第三节　职业素质的培养

在一个人的职业发展过程中，职业素养直接关系到其将来的成就。职业素养是个很大的概念，其中专业是第一位的，除了专业，敬业和道德也是必备的，这些素质体现在职场上就是职业素养，体现在生活中就是个人素质或道德修养。总而言之，职业素养是指职业内在的规范和要求，是在从事职业的过程中表现出来的综合品质，包含职业道德、职业技能、职业行为、职业作风和职业意识等方面。

一、职业素养的内涵

什么是职业素养？很多企业界人士认为，职业素养至少包含两个重要因素：敬业精神及合作态度。敬业精神就是在工作中要将自己视为公司的一部分，不管做什么工作一定要做到最好，发挥出全部实力，及时更正自己的错误。敬业不仅指吃苦耐劳，更重要的是要做好公司分配的每一份工作。态度是职业素养的核心，负责、积极、自信等态度是成功的关键因素。职业素养是人类在社会活动中需要遵守的行为规范。个体行为的总和构成了自身的职业素养，职业素养是内涵，个体行为是外在表象。良好的职业素养是促进一个人职业生涯成功的关键因素。

职业素养概括地说包含以下四个方面：一是职业道德；二是职业思想；三是职业行为习惯；四是职业技能。前三项是职业素养的根基，而职业技能是支撑职业人生的表象内容。

前三项属于世界观、人生观、价值观范畴，在人生中逐步形成，逐渐完善。最后一项是通过学习、培训获得的。例如计算机、英语、建筑等技能，可以通过几年的时间掌握入门技术，在实践运用中日渐成熟而成为专家。

用大树理论可以比较直观地描述两者的关系。每个人都是一棵树，根系是一个人的职业素养，枝、干、叶是其显现出来的职业素养的表象，要想枝繁叶茂，必须根系发达。

二、大学生职业素养的养成

近几年，大学毕业生的就业已经成为比较重要的社会问题，也可以说是一个难题。对于很多毕业生来说，找到一份好工作十分困难。毕业生的就业率是考查高校教育成果的一大指标，直接影响学校的声誉，同时也会影响学校的招生及培养计划。而从社会的角度来看，很多企业表示招不到合适的人员。事实表明，这种现象的存在与学生的职业素养难以满足企业的要求有关。"满足社会需要"是高等教育的目的之一，既然社会需要具有较高职业素养的毕业生，那么高校教育应该把培养大学生的职业素养作为其重要目标之一。同时，高校也不应该"关起门来办教育"，社会、企业也应该尽力与高校合作，共同培养大学生的职业素养。

（一）职业素养在工作中的地位

《一生成就看职商》的作者吴甘霖回顾自己从职场惨败者到走上成功之路的过程，再总结比尔·盖茨、李嘉诚、牛根生等著名人物的成功史，并进一步分析自己所看到的众多职场人士的成功与失败，得出了一条宝贵的经验：一个人的能力和专业知识固然重要，但是，在职场要成功，最关键的并不在于他的能力与专业知识，而在于他所具有的职业素养。一个人在职场中能否成功取决于其"职商"。在实际工作中，每一位职场人既需要知识，也需要智慧，而最终起到关键作用的就是素养。一个人若缺少这些关键的素养，将一生庸庸碌碌，与成功无缘；若拥有这些素养，会少走很多弯路。

前面提到，很多企业之所以招不到满意的人选是由于找不到具备良好职业素养的毕业生，可见，企业已经把职业素养作为选择人才的重要指标。很多公司在招聘新人时要综合考查毕业生的 5 个方面：身体素质、职业素养、协作能力、心理素质和专业素质。其中，身体素质是最基本的，好身体是工作的物质基础；职业素养、协作能力和心理素质是必需的；而专业素质则是锦上添花。职业素养可以通过个体在工作中的行为来表现，而这些行为以个体的知识、技能、价值观、态度、意志等为基础。良好的职业素养是个人事业成功的基础，是大学生进入企业的"金钥匙"。

（二）大学生职业素养的构成

"素质冰山"理论认为，个体的素质就像在水中漂浮的一座冰山，水上部分的知识、技能仅代表表层的特征，不能区分绩效优劣；水下部分的动机、特质、态度、责任心才是决定人的行为的关键因素，可以鉴别绩效优秀者和一般者。可以把大学生的职业素养看成一座冰山：冰山浮在水面以上的只有 1/8，它代表大学生的形象、资质、知识、职业行为和职业技能等方面，是人们看得见的、显性的职业素养，这些可以通过各种学历证书、职业证书来证明，或者通过专业考试来验证；而冰山隐藏在水面以下的部分占整体的 7/8，它代表大学生的职业意识、职业道德、职业作风和职业态度等方面，是人们看不见的、隐性的职业素养。显性职业素养和隐性职业素养共同构成了大学生所应具备的全部职业素养。由此可见，大部分的职业素养是人们看不见的，但正是这 7/8 的隐性职业素养决定、支撑着外在的显性职业素养，显性职业素养是隐性职业素养的外在表现。因此，大学生职业素养的培养应该着眼于整座"冰山"，以培养显性职业素养为基础，重点培养隐性职业素养。当然，这个培养过程不是能够由学校、学生、企业哪一方单独完成的，而应该由三方共同协作，实现"三方共赢"。

（三）大学生职业素养的自我培养

①要培养职业意识。美国学者雷恩·吉尔森说："一个人花在影响自己未来命运的工作选择上的精力，竟比花在购买穿了一年就会扔掉的衣服上的心思要少得多，这是一件多么奇怪的事情，尤其是当他未来的幸福和富足要全部依赖于这份工作时。"很多高中毕业生在跨进大学校门时就认为自己已经完成了学习任务，可以在大学里尽情地"享受"了。这正是他们在就业时感到压力的根源。清华大学的樊富珉教授认为，中国有 69% ~ 80% 的大学生对未来职业没有规划，就业时容易感到压力。中国社会调查所最近完成的一项在校大学生心理健康状况调查显示，75% 的大学生认为压力主要来源于社会就业；50% 的大学生对自己毕业后的发展前途感到迷茫，没有目标；41.7% 的大学生表示目前没考虑太多；只有 8.3% 的大学生对自己的未来有明确的目标并且充满信心。培养职业意识就是要对自己的未来有规划。因此，大学期间，每个大学生都应明确这些问题：我是一个什么样的人？我

将来想做什么？我能做什么？环境能支持我做什么？要解决这些问题，就应该认识自己的个性特征以及个性倾向，包括自己的气质、性格、能力、兴趣、动机、需要、价值观等。据此来确定自己的个性是否与理想的职业相符，对自己的优势和不足有比较客观的认识，结合环境，如市场需要、社会资源等，确定自己的发展方向和行业选择范围，明确职业发展目标。

②配合学校的培养任务，完成知识、技能等显性职业素养的培养。职业行为和职业技能等显性职业素养比较容易通过教育和培训获得。学校的教学及各专业的培养方案是针对社会需要和专业需要所制定的，旨在使学生获得系统化的基础知识及专业知识，加强学生对专业的认知和知识的运用，并使学生获得学习能力，培养学习习惯。因此，大学生应该积极配合学校的培养计划，认真完成学习任务，尽可能地利用学校的教育资源，获得知识和技能，作为将来职业需要的储备。

③有意识地培养职业道德、职业态度、职业作风等隐性素养。隐性职业素养是大学生职业素养的核心内容。核心职业素养体现在很多方面，如独立性、责任心、敬业精神、团队意识、职业操守等。事实表明，很多大学生在这些方面存在不足。有记者调查发现，缺乏独立性、抢风头、不愿下基层吃苦等表现容易断送大学生的前程。如厦门博格管理咨询公司进行的一次招聘中，一位来自上海某名牌大学的女生在中文笔试和外语口试中表现都很优秀，但在最后一轮面试中被淘汰。原因是面试官最后不经意地问她："你可能被安排在大客户经理助理的岗位，但你的户口能否迁到深圳还需再争取，你愿意吗？"她犹豫片刻回答说："我先回去和父母商量下再决定。"缺乏独立性使她失掉了工作机会。而喜欢抢风头的人被认为没有团队合作精神，用人单位也不喜欢。如今，很多大学生在"6 + 1"的独生子女家庭中长大，

所以在独立自主、承担责任、与人分享等方面都做得不够好。因此，大学生应该有意识地在学校的学习和生活中主动培养独立性，学会分享、感恩，勇于承担责任，不要把错误和责任都归咎于他人。

大学生应该加强自我修养，在思想、情操、意志、体魄等方面进行自我锻炼。同时，还要培养良好的心理素质，增强应对压力和挫折的能力，善于从逆境中寻找转机。

（四）高校对大学生职业素养的教育对策

为了培养大学生的职业素养，高校应该从以下几个方面着手以满足社会需要：首先，将大学生职业素养的培养纳入大学生培养的系统工程，使高中毕业生在进入大学校门的那一天起，就明白高校与社会的关系、学习与职业的关系、自己与职业的关系。全面培养大学生的显性职业素养和隐性职业素养，并把隐性职业素养的培养作为重点。其次，成立相关的职能部门协助大学生职业素养的培养。如以就业指导部门为基础，成立大学生职业发展中心，并开设相应的课程，及时向大学生提供职业教育和职业指导，最好能够提供相关的社会资源。最后，深入了解大学生的需要，改进教学方法，提升大学生对专业学习的兴趣，满足大学生对本专业各门课程的求知欲，尽可能向大学生提供正确、新颖的学科信息。

（五）社会资源与大学生职业素养的培养

大学生职业素养的培养不能仅仅依靠学校和学生本身，社会资源的支持也很重要。企业也逐渐认识到，要想获得较好职业素养的大学毕业生，企业也应该参与大学生的培养。可以通过以下方式来培养大学生职业素养：

①企业与学校联合培养大学生，提供实习基地以及科研实验基地。

②企业家、专业人士走进高校，直接提供实践知识、宣传企业文化。

③完善社会培训机制，走进高校，对大学生进行专业的入职培训以及职业素质拓展训练等。

大学生职业素养的培养是目前高等教育的重要任务之一，而这一任务的进行，需要大学生、高校及社会三方面的协同配合。

大学期间是每一位未来的职场人的个人价值观、知识技能、身心状态等素质发展的关键时期，有针对性地培养必要的职业素质是十分重要的。

优秀员工必备的职业素养

1. 像老板一样专注

①作为一名一流的员工，不要只停留在"为了工作而工作，单纯为了赚钱而工作"等层面。而应该站在老板的立场，用老板的标准要求自己，像老板那样专注工作，以实现自己的职场梦想与远大抱负。

②以老板的心态对待工作。

③不做雇员，要做企业的主人。

④第一时间维护企业的形象。

2. 学会迅速适应环境

在就业形势越来越严峻、竞争越来越激烈的当今社会，不能迅速适应环境已经成了个人素质中的短板，这也是无法顺利工作的一种表现。相反，善于适应环境是一种能力的象征，具备这种能力的人，手中也握有可以纵横职场的筹码。

①不适应者将被淘汰出局。

②善于适应是一种能力。

③适应有时是一场严峻的考验。

④做职场中的"变色龙"。

3. 化工作压力为动力

压力是工作中的一种常态，对待压力，不可回避，要以积极的态度去疏导、去化解，并将压力转化为自己前进的动力。人们最出色的工作往往是在高压的情况下做出的，思想上的压力，甚至肉体上的痛苦都可能成为取得巨大成就的"兴奋剂"。

①别让压力毁了你。

②行动起来，什么压力都能被化解。

4. 善于表现自己

在职场中，默默无闻是一种缺乏竞争力的表现，而那些善于表现自己的员工，却能够获得更多的自我展示的机会。那些善于表现自己的员工往往也是最具有竞争力的员工，他们往往能够迅速脱颖而出。

①善于表现的人才有竞争力。

②把握一切能够表现自己的机会。

③善于表现而非刻意表现。

5. 低调做人，高调做事

工作中，学会低调做人，你将一次比一次稳健；善于高调做事，你将一次比一次优秀。在"低调做人"中修炼自己，在"高调做事"中展示自己，这种恰到好处的低调与高调，可以说是一种进可攻、退可守，看似平淡、实则高深的处世谋略。

①低调做人，赢得好人缘。

②做事要适当高调。

6.设立工作目标，按计划执行

在工作中，首先应该明确了解自己想要什么，然后再去努力追求。一个人如果没有明确的目标，就像船没有罗盘一样。每一份富有成效的工作，都需要明确的目标去指引。缺乏明确目标的人，其工作必将庸庸碌碌。坚定而明确的目标是专注工作的一个重要原则。

①目标是一道分水岭。

②工作前先把目标设定好。

③确立有效的工作目标。

④目标多了就等于没有目标。

7.做一个时间管理高手

时间对每一位职场人士都是公平的，每个人都拥有相同的时间，但是在同样的时间内，有人表现平平，有人则取得了卓著的工作业绩。造成这种反差的根源在于每个人对时间管理和使用的效率存在巨大的差异。因此，要想在职场中具备不凡的竞争能力，应该先将自己培养成一个时间管理高手。

①谁善于管理时间，谁就能赢。

②学会统筹安排。

③把你的手表调快 10 分钟。

8.有自觉性，主动就是提高效率

有自觉性的员工，善于随时准备把握机会，永远保持率先主动的精神，并展现超乎他人要求的工作表现。他们头脑中时刻灌输着"主动就是效率"的工作理念，同时他们也拥有"为了完成任务，能够打破常规"的魄力与判断力。显然，这类员工才能在职场中笑到最后。

①不要只做老板交代的事。

②工作中没有"分外事"。

③不是"要我做"，而是"我要做"。

④想做"毛遂"就得自荐。

9. 服从第一

服从上级的指令是员工的天职，"无条件服从"是沃尔玛集团要求每一位员工都必须奉行的行为准则。

①像士兵那样去服从。

②不可擅自歪曲更改上级的决定。

③多从上级的角度考虑问题。

10. 勇于承担责任

德国大众汽车公司认为，"没有人能够想当然地'保有'一份好工作，而要靠自己的责任感去争取一份好工作。"德国人非常重视责任感，他们的企业首先强调的也是责任，他们认为没有什么比员工的责任心所产生的力量更能使企业具有竞争力了。所以，那些具有强烈责任感的员工才能在职场中具备更强的竞争力。

工作就是一种责任，企业青睐具备强烈责任心的员工。

第二章　职业生涯决策

第一节　职业生涯决策及其理论

一、职业生涯决策的含义

职业生涯决策是个人根据各种条件，经过一系列活动以后进行的目标决定，以及为实现目标而制定优选的个人行动方案。从这个概念我们可以看出：职业决策不单单是一种结果，更是一个过程，是一个复杂的认知过程。通过此过程，决策者组织有关自我和职业环境的信息，仔细考虑各种可供选择的职业前景，做出职业行为的公开承诺。

职业生涯决策也就是职业生涯目标的确定。职业生涯目标包括人生目标、长期目标、中期目标与短期目标，它们分别与人生规划、长期规划、中期规划和短期规划相对应。一般来说，首先要根据个人的专业、性格、气质和价值观以及外部环境确定自己的人生目标和长期目标，然后再把人生目标和长期目标进行分化，根据个人的经历和所处的组织环境制定相应的中期目标和短期目标。目标确定之后，就需要制定行动计划，一步步实现目标。

职业生涯决策就是确定我们的目标，即将来我要从事一份什么样的工作或者职业。如果我们用心去观察那些成功的人，几乎都有一个共同的特点：不论聪明才智的高低，也不论他们从事哪一种行业、担任何种职务，他们都在做自己最擅长、最感兴趣的事。从很多例子可以发现，一个人的成就主要来自他对自己擅长工作的专注和投入，无怨无悔地付出努力，才能享受甜美的果实。因此，职业生涯决策也就是在自我评估和环境分析的基础上，确定我们最感兴趣、最有能力做好、最适合、最有机会从事的职业，走好我们职业生涯发展的关键一步。

二、职业生涯决策的任务

在人的一生中，会面临很多次职业生涯决策的任务，包括选择大学和专业、行业、职业、婚姻、工作和生活环境、职业生涯路径、职业生涯目标等。对于大学生而言，要重点做好自我定位、行业定位、职业定位和地域定位等职业生涯决策。

（一）自我定位决策

自我定位就是要在了解自己的需要、特点、能力的基础上，进行客观的自我评价。自我定位首先应从自身实际出发，客观地分析、评估自己的文化素质、能力特征、性格特点、身体条件，总结出自己的特长、兴趣、爱好；其次应从横向上，将自己与同班、同专业、同年级、同区域乃至全国同专业同学进行比较，分析自身的综合素质以及优势和劣势。通过纵向和横向的定位分析，找准自己的位置，明确切入社会的起点，避免自我定位过高或过低。

（二）行业定位决策

行业定位是在认真了解行业整体情况、发展趋势、对人才的基本要求的基础上，结合自身实际情况做出的。行业的选择受个人、家庭以及社会等多种因素的影响，进行行业定位时要避免出现盲目择业和消极择业的现象。参考他人意见时更应该避免社会、家庭和周围人群不正确的舆论导向对自身定位的影响，做到真正从社会需求出发，结合个人理想和兴趣以及实际能力做出较理性的行业定位，而不是片面地追求热门行业和高薪行业。

（三）职业定位决策

职业的选择是因人而异的，它受个人偏好、能力、素质等因素的影响。在进行职业定位时，要在自我评估的基础上，根据自己的性格、兴趣、能力、价值观等，对照相关用人单位的标准、条件、要求，为自己选择合适的岗位，选择有利于自己发挥潜能和实现人生目标的岗位。

（四）地域定位决策

地域定位是指个人在选择工作时对于工作区域的考虑。西部还是东部、一线城市还是二线城市等，这是进行就业地域选择时必须考虑的问题。不同的地域有不同的文化、不同的环境、不同的机会、不同的发展。所以，在进行地域定位时，应该多思考自己的能力、优势究竟在何处能得到较大限度的发挥，自己的发展空间在何地能得到较大限度的拓展，而不仅仅着眼于大城市和经济发达地区。

三、职业生涯决策的影响因素

一般认为职业生涯决策的影响因素有两类：一类多为社会学家的观点，他们重视环境对人的职业生涯决策的影响；另一类多为心理学家的观点，他们更强调个体内在的发展对人的职业生涯决策的影响。大学生在进行职业生涯决策时受到很多因素的影响。

（一）心理特征

个体心理特征的评估对决策起着定向作用。在具体的职业决策中，心理特征主要表现为决策风格。

（二）专业背景

一般来说，大学生都希望找到与专业对口的工作。进行职业决策时，一般会在专业所对应的职业群中进行选择。所谓职业群，是指某一专业所对应的多种职业领域，如法律专业对应的职业群为公务员、律师、法律顾问等。

（三）即时状态

在决策过程中，决策时的身体、情绪和精神状态等即时状态都会影响决策。

（四）家庭成员

对于大学生而言，家庭成员对职业决策的影响主要来自父母。父母教育方式的不同，造成子女认知世界的方式不同；父母所从事的职业及他们的职业观会给子女较大的影响；父母的价值观、态度、行为、人际关系等也会对子女的职业决策产生直接或间接的影响。

（五）朋友、同龄人

朋友和同龄人的职业价值观、职业态度、行为特点等不可避免地影响大学生的职业生涯决策，对职业的偏好、选择，从事某一职业的机会和职业变换的可能性都会因周围朋友的看法或建议而改变。

（六）政治、经济、社会发展状况

国家的政治、经济与社会发展状况是职业决策的大背景和大前提，会影响到就业结构的变化，影响到社会的人才需求状况，从而间接地影响到个人职业发展。

四、职业生涯决策理论

（一）丁克里奇的职业生涯决策风格理论

决策风格是影响决策效果与决策效率的一个重要因素。美国学者丁克里奇通过访谈研究，将人们做职业生涯决策时所采用的风格归结为八类。

1. 痛苦挣扎型

痛苦挣扎型又被称为烦恼型，这类人会花很多的时间和精力来收集信息，使用信息时又顾虑重重。在确认选择时，向专家询问，反复比较，当断不断，迟迟难以决定，心境表现常常是"我就是拿不定主意"。出现这种情况的时候，收集再多的信息进行分析比较也无济于事。需要弄清的是他们被一些什么样的情绪和非理性信念困住了，如害怕自己做出错误的决定、追求完美等。

2. 冲动型

冲动型与痛苦挣扎型相反，这些人遇到第一个选择就紧紧抓住不放，不再考虑其他的选择或进一步收集信息。他们的想法是"先决定，以后再考虑"。例如，先找到一份工作做了再说。冲动的决策方式可能是出于对困难的回避，不愿意花时间和精力去探索。这种方式的危险在于风险太大，等看到有更好的选择时自然追悔莫及。

3. 直觉型

直觉型的人将自己的直觉感受作为决定的基础。他们通常说不出什么理由，仅仅是因为"感觉是对的"而做决策。直觉在人们对环境情况无法获得充分信息的时候会比较有效，但它有可能不符合事实。有时候，人们的判断可能会因自身先入为主的偏见而产生较大的误差。因此，不能仅仅将直觉作为决策的依据。

4. 拖延型

拖延型的人习惯将对问题的思考和行动都往后推迟，"过两天再考虑"是他们的口头禅。大学生常见的"我还没有准备好工作，所以打算先考研"就是这种状态的体现。拖延型的人心中暗暗抱有这样的希望：也许事情过几天就自动解决了。然而，问题并不会自动解决，有时候甚至会越拖越严重。如果你现在不知道该怎么找工作，那么读完研究生也未必就能知道。

5. 宿命型

宿命型的人不能自己承担责任，而将命运委托给外部形势的变化，将决定留给境遇或命运。他们会说"该怎么样就怎么样吧"或"我这个人永远也不会走运"之类的话。当一个人将自己生活的主导权交给外界环境的时候，这个人就会表现得无力和无助。这样的人容易成为环境的"受害者"，怨天尤人，却没想到自己的处境正是由于放弃了个人对生命的"主权"而造成的。

6. 顺从型

顺从型的人倾向于顺从别人的计划而不是独立地做出决定。他们常说："只要他们都觉得好，我就觉得好。"比如，很多大学生一窝蜂似的争取出国、进外企、考研、考证、参加各种培训班，只因为"大家都这样做"。从众的人固然在追随群体的过程中获得了一种虚假的安全感，但却忽略了自身的独特性，这造成他们的选择在很大程度上并不适合自己。他们在不必费心思考的同时，也牺牲了对生命可能性的追求。

7. 瘫痪型

瘫痪型的人可能在理性上接受了应当自己做决定的观念，接受做决策的责任，但是因过于焦虑而不能做出有建设性的决策，无法开始决策的过程。他们知道自己应该开始决策了，可在内心深处总笼罩着"一想到这事就害怕"的阴影。事实上，他们无法真正为决策和决策的后果承担责任，而这种害怕承担责任的心理可能又源于家庭在其成长过程中对他们的影响。

8. 计划型

计划型，使用如同标准化决策模型所推荐的理性策略。很显然，这是一种科学的决策风格。

上述八种决策风格没有绝对的优劣之分，各有其适用的范围和局限性。例如，直觉型决策反映了决策者能够迅速提取相关信息的能力，或者也可以说这种类型的决策者是一个反应快的理性决策者；那种喜欢到处咨询或模仿他人的决策者，有过度依赖的倾向，但也有可能把个人的认知偏差减到最小。决策风格既受个性的影响，又受环境的塑造，并非绝对无法改变。

以上这几种类型的决策模式，根据情境和其后果重要性的不同，会产生相应程度的作用。比如，人们常常用冲动的方式决定晚餐点什么菜或买一件新衣服，其后果不会对我们的生活造成太大的影响，甚至可以给自己或他人带来惊喜。

但是，这些决策模式用在一些重大的决定当中就不那么适宜了，往往会造成耽搁时间、浪费精力等后果。就像一个人如果没有想好要买什么或者不确定购买标准是什么就去逛街，结果往往是回家就后悔：买了一堆自己不需要或不是真正喜欢的衣物。买衣服尚且如此，何况职业选择呢？在有很多未知因素的情况下决策，显然风险过大，而结果往往不那么令人满意。

（二）斯科特—布鲁斯决策风格理论

美国职业生涯专家斯科特（Scott）和布鲁斯（Bruce）于 1995 年提出决策风格是在后天的学习经验中逐渐形成的观点。他们将决策风格划分为五种类型：理智型、直觉型、依赖型、回避型和自发型。

1. 理智型

理智型决策以周全地探求对选择的逻辑性评估为特征。理智型的决策者具备深思熟虑、善于分析、遵循逻辑的特性。这类决策者会评估决策的长期效用，并以事实为基础做出决策。理智型决策风格是比较受推崇的决策方式，强调综合、全面地收集信息，理智的思考和冷静的分析判断，是其他决策类型的个体需要培养的一种良好的思考风格。但理智型的决策风格也并不是理想的、完美的决策方式，即使采用系统的、逻辑的方式，也会有因害怕承担决策的后果而不能整合自己和他人观点的困扰。

2. 直觉型

直觉型决策以依赖直觉和感觉为特征，比较关注内心的感受。直觉型的决策风格以自我判断为导向，在信息有限时能够快速做出决策，当发现错误时能迅速改变决策。由于以个人直觉而不是理性分析为基础，这类决策发生错误的可能性较大，容易造成决策的不确定性，使人们丧失对直觉型决策者的信心。

3. 依赖型

依赖型决策以寻求他人的指导和建议为特征。依赖型的决策者往往不能够承担自己做决策的责任，允许他人参与决策并共同分享决策成果，会受到他人的正面评价，但也可能因为简单地模仿他人的行为导致负面的反应。依赖型的决策者需要重新思考生活中他人对自己的影响程度。

4. 回避型

回避型决策以试图回避决策为特征。回避型的决策风格是一种拖延、不果断的方式。面对决策问题会产生焦虑的决策者，往往是因为害怕做出错误决策而采取这样的反应，这是由于决策者不能承担做决策的责任，而倾向于不考虑未来的方向，不去做准备，不知道自己的目标，也不思考，更不寻求帮助。这样的决策者需要意识到自身的决策风格及其可能造成的危害，努力调整，增强职业生涯规划的意识和动机。

5. 自发型

自发型决策以渴望尽快完成决策为特征。自发型的个体往往不能容忍决策的不确定性以及由此带来的焦虑情绪，是一种具有强烈即时性并对快速做决策的过程有兴趣的决策风格。自发型决策者常会基于一时的冲动，在缺乏深思熟虑的情况下做出决策，此类决策者通常会给人果断或冲动的感觉。

（三）施恩的"职业锚"理论

在职业定位阶段，"职业锚"理论作为指导个人职业发展方向的经典理论之一，是一种行之有效的参考依据。什么是职业锚？正如"职业锚"这一名词中"锚"的含义一样，职业锚实际上就是人们选择和发展自己的职业时所围绕的中心。一个人对自己的天资和能力、动机和需要以及态度和价值观有了清楚的了解之后，就会意识到自己的职业锚到底是什么。具体地说，职业锚是指新员工在早期工作中逐渐认识自我，发展出更加清晰全面的职业定位。

从一定意义上说，职业定位就是确定自己的职业锚类型。

美国麻省理工学院斯隆管理学院的施恩教授总结出以下五种类型的职业锚：

1. 技术 / 职能能力型

具有较强的技术或职能型职业锚的人往往不愿意选择那些带有一般管理性质的职业。相反，他们总是倾向于选择那些能够保证自己在既定的技术或职能领域中不断发展的职业，如工程师。

2. 管理能力型

管理能力型的人会表现出成为管理人员的强烈动机，他们的职业经历使得他们相信自己具备那些一般管理性职位所需要的各种必要能力以及相关的价值倾向。必须承担较高责任的管理职位是这些人的最终目标。当追问他们为什么相信自己具备获得这些职位所必需的技能的时候，许多人回答说，他们之所以认为自己有资格获得管理职位，是由于他们认为自己具备以下三个方面的能力：①分析能力（在信息不完全以及不确定的情况下发现问题、分析问题和解决问题的能力）；②人际沟通能力（在各种层次上影响、监督、领导、操纵以及控制他人的能力）；③情感能力（在情感和人际危机面前只会受到激励而不会受其困扰和削弱的能力，以及在较高的责任压力下不会无所作为的能力）。

3. 安全 / 稳定型

安全 / 稳定型的人极为重视长期的职业稳定和工作的保障。他们通常比较愿意去从事这样一类职业：这些职业应当能够提供有保障的工作、体面的收入以及可靠的未来生活。这种可靠的未来生活通常是由良好的退休计划和较高的退休金来保证的。

对于那些对地理安全性更感兴趣的人来说，如果追求更为优越的职业，就意味着将要在他们的生活中注入一种不稳定或保障较差的地域因素，如需要举家搬迁到其他城市，那么他们会觉得在一个熟悉的环境中维持一种稳定的、有保障的职业是更为重要的。对于另外一些追求安全型职业锚的人来说，安全则意味着所依托的组织的安全性。他们可能优先选择到政府机关工作，因为公务员相对来说是一种稳定性比较高的职业。

4. 创造型

在施恩看来，创造型的人都有这样一种需要：建立或创设某种完全属于自己的东西，如一件署着他们名字的产品或工艺、一家他们自己的公司或一批反映他们成就的个人财富等。比如，有些创造型的人会逐渐成为成功的企业家。

5. 自主 / 独立型

自主 / 独立型的人在选择职业时似乎被一种决定自己命运的需要所驱使着，他们希望摆脱那种因在大企业工作而依赖别人的境况。因为，当一个人在某家大企业工作的时候，其在提升、工作调动、薪金等诸多方面都难免要受别人的摆布。这些人还有着强烈的技术或功能导向。具有这种职业锚的人可能成为咨询专家、自由撰稿人或小型零售公司的所有者等。

第二节　职业生涯决策的模式和方法

一、职业生涯决策的模式

职业生涯决策是一个复杂的过程。不同的专家从不同的方面提出了各自的看法。

（一）克朗伯兹的职业生涯决策模式

美国心理学家克朗伯兹于 1973 年提出了进行职业决策的模式，认为在进行个人职业决策时应采取八个步骤。1977 年，他又对此模式进行了修正，修正后的职业决策模式主要分为七个步骤。

（1）界定问题：弄清自己的需求和个人限制，明确自己想要什么，自己存在哪些优势与不足，描述必须要完成的决策。

（2）拟订行动计划：在明确自己的需求目标的基础上，描述决策所需的行动，思考可能达到目标的各种行动方案，并规划达到目标的过程，制定出明确的目标和实现目标的时间表。

（3）澄清价值：界定个人的选择标准，即明确自己最想要的是什么，作为评量各项方案的依据。

（4）找到可能的选择：搜集资料，描述可能做出的选择，确认选择方案。

（5）评价各种可能的选择：依据所定的选择标准、评分标准，逐一评价各种可能选择，找出可能的结果。

（6）系统地删除：比较各种可能选择方案，选择符合价值标准的方案，系统地删除不合适的方案，挑选最合适的选择。

（7）开始行动：界定将如何采取行动以达到选定的目标。

（二）泰德曼的职业生涯决策模式

美国学者泰德曼结合前人的职业生涯发展观点，提出整个决策过程是由确定目标、实施与调整这两个阶段组成的。

按照这个模式，个人在进行职业决策时，首先要确定职业目标，然后将选择的方案付诸行动，落实于现实生活，然后评估其结果，并根据个人对结果的满意程度，对方案做出调整或改变。

（三）奇兰特的职业生涯决策模式

美国心理学家奇兰特认为决策是一连串的决定，任何一个决定都会影响其后来的决定，也会受先前决定的影响，因此，决策是一个发展的历程而非单一的事件。这也说明职业生涯决策不是一次选择或一个结果，而是持续不断地决定及修正的历程。奇兰特认为，做决策在于选择有利因素最多、不利因素最少的方案，具体步骤包括：

（1）根据自己的需求制定决策目的或目标；

（2）搜集与目标或目的有关的信息资料，以了解可能的行动方向；

（3）根据所得的资料，预测各个行动方案的成功概率及其结果；

（4）根据价值系统，估算个人对于每个行动方案的喜好程度；

（5）评估各种可能方案，选择其中的一个方案执行；

（6）若达到目标则终止决定，然后等待下一个决定的出现；

（7）若没有成功，则继续调查其他可行的办法。

此外，奇兰特特别强调决策过程中资料的重要性，并提出将个人处理资料的策略分成三个系统，对三个系统进行综合权衡，然后选择一个行动方案。

一是预测系统。预测不同的选择可能会造成的结果，估算出每个行动可能造成该结果的概率，作为选择行动方案的参考。

二是价值系统。价值是指个人对于各种可能的行动之喜好程度。

三是决策系统。决策系统包括评判各种行动方案的标准，其选择取向分为以下几种：

（1）期望取向，选择可能达到自己最想要的结果的方案，也就是与自己的职业观相一致，与自己的兴趣、特长最相符的方案。但该方案成功概率可能很小，所以存在着较大的风险。

（2）安全取向，选择最安全、最保险的方案。这个方案适合追求稳定的人，但该方案也许与其职业兴趣是不一致的。

（3）逃避取向，避免选择可能造成最不好的结果的方案。这种选择取向适合追求稳妥、不爱挑战的人，但选择的结果也许与其期望有一定差距。

（4）综合取向，就是考虑自己对于行动结果的需求程度、成功概率，以避免不良结果的发生。

（四）盖蒂的 PIC 模型

PIC 模型是由以色列职业心理学家盖蒂提出的一种系统的职业决策模型，其构建兼顾理论验证与实践运用。

PIC 是排除阶段（Prescreening）、深度探索阶段（In-depth Exploration）和选择阶段（Choice）的缩写。

PIC 模型的理论基础是排除理论。决策方案的选择通常都是多属性的，在选择过程的每一阶段，要挑选出某一属性或某一方面，根据其重要性对其做出评价，对不符合决策要求的属性便予以排除，即不再在以后的比较选择中继续加以考虑，直到剩下某种未排除的方面或属性时，再做出最后的选择。

1. 排除阶段

在许多职业决策的情境中，潜在职业方案的数目是相当大的。排除阶段的目的就是将这些潜在方案的数目减少到一定程度，达到可操作的水平，使决策者能够为每个方案收集广泛的信息，并且有效地加工这些信息。

排除阶段可以分为以下几个步骤：

（1）选择在搜寻中被用到的有关方面。寻找可行性方案是建立在个人对有关方面的偏好这一基础之上的，如个人的职业价值观、兴趣、能力、工作环境、培训时间、工作时间、人际关系类型等。

（2）根据重要性排列。按照个人的重视程度给这些方面排序，以便于序列搜寻过程能相应地进行（即先搜寻最重要的方面，再搜寻第二重要的方面，依此类推）。

（3）为重要的方面定义可接受水平的范围。对于每一个要考虑的方面，首先引入个人偏好的最优水平——即在该方面上最想要的；然后，挑选出第二想要的；最后是可接受的水平。

（4）将个人可接受水平的范围与有关职业方案的特性水平进行比较。序列排除过程是这样开始的：列出所有潜在的职业方案，并且将它们的特点与个人的偏好进行比较。先排除最重要的方面与个人偏好不符的方案，再在其他方面上反复进行这个过程，直到剩余"有可能的方案"的数目在可操作的范围内。

（5）灵敏度分析。检查对偏好的可能变化而引起相应结果变化的灵敏度。这个步骤包括再次检查排除阶段的输入、输出以及步骤。分析为什么某些在系统搜寻前被个人直觉地认为是有吸引力的方案在序列排除过程后被删除了；找出那些仅仅因为一个方面上的不一致而被剔除的方案，检查关键方面信息的有效性。

2. 深度探索阶段

这个阶段的目的是找到一些不仅可能而且合适的方案，得到合适方案的清单。合适的方案需要满足以下两个条件：第一，合适的方案与个人的偏好相符。就是在个人认为最重要的方面上检查每一个可能方案与个人偏好的符合程度。第二，个人符合该方案的要求。就是在其他重要的方面上检查该方案与个人偏好的符合程度。有可能的方案都是在排除阶段的筛选后留下的，它们在重要的方面上多少和个人的偏好相符合。在深度探索阶段，随着更多的、更具体的信息被获取，个人的偏好是会被调整的。

3. 选择阶段

选择阶段的目的是考虑到个人的偏好与能力，挑选对于个人来说最合适的方案。

（1）挑选最合适的方案。许多人会在深度探索阶段结束时得到一个合适的方案，并据此收集相应的信息。在这种情况下，就没有必要再比较方案了。但是，有时候在深度探索阶段结束时会得到两个或更多的合适方案，为了挑选最合适的一个，就不得不比较这些方案了。要关注这些方案的特点，将优缺点进行比较，综合考虑方案之间的平衡而做出相应的选择。

（2）挑选其他合适的方案。职业决策通常是在不确定的状态下做出的，职业方案实现的可能性也经常是不确定的。例如，得到一份工作的可能性不仅仅取决于是否满足了它的最低要求，而且还受制于其他应聘者的人数和品质。所以，个体在挑选了最合适的方案之后，还必须使用收集到的信息评估实现该方案的可能性，如果确定能够实现，就没有必要再挑选次等的方案。但如果存在不确定性，建议回到前面的步骤，搜寻更多的、可能被认为是次等的但仍然适合的方案。如果第一、第二方案实现的可能性都相当低，建议考虑第三、第四方案等。

总之，决策理论重视个人职业生涯发展时的历程及抉择，并且因为牵涉到个人价值观，所以除了搜集正确的客观资料之外，更重要的是要针对个人独特的价值观，加以了解、澄清。因此，虽然有大多数人所认同的具体步骤可供参考，但个人主观的价值评论其实才是最重要的决策依据。

二、职业生涯决策的方法

（一）决策平衡单

在决策过程中对多种选择进行评估排序时，可能会感受到该决定所涉及的各方面因素具有不同的重要性，需要以权重来体现。此时，采用决策平衡单无疑是一个比较好的决策方法。决策平衡单经常被应用于问题解决模式和职业咨询中，用以协助咨询者系统地分析每一个可能的选项，判断分别执行各选项的利弊得失，然后依据其在利弊得失上的加权计分排定各个选项的优先顺序，以执行最优先或最偏好的选项。

1.决策平衡单的结构

决策平衡单可以用来协助决策者做出好的重大决定。它可以帮助决策者具体地分析每一个可能的选择方案，考虑各种方案实施后的利弊得失，然后排定优先顺序，择一而行。决策平衡单将重大决策的思考方向集中到以下四个主题上。

（1）自我物质方面的得失。

（2）他人物质方面的得失。

（3）自我赞许与否。

（4）社会赞许与否。

在实际应用时，台湾职业生涯辅导专家金树人认为，"自我赞许与否"和"社会赞许与否"仍显得笼统，所以他将最后的两项改为"自我精神方面的得失"与"他人精神方面的得失"，就是从"自我—他人"，以及"物质—精神"所构成的四个范围内来考虑。

2.决策平衡单决策的步骤

在使用决策平衡单时，可以按上述四个类别列出个人所有的重要价值观，按其重要程度分别赋予权重，并将它们作为评判的标准，逐项对所有的选择进行加权计分，最后按总分排序。

（1）列出可能的职业选项。咨询者首先需要在平衡单中列出有待深入评价的潜在职业选项三至五个。

（2）判断各个职业选项的利弊得失。平衡单中提供咨询者思考的重要得失，集中于四个方面，分别是自我物质方面的得失、他人物质方面的得失、自我赞许（精神方面的得失）、他人赞许（精神方面的得失）。咨询者可依据重要的得失方面，逐一检视各个职业选项，并以"＋5"至"－5"的十一点量表（＋5，＋4，＋3，＋2，＋1，0，－1，－2，－3，－4，－5），来衡量各个职业选项。

（3）各项考虑因素的加权计分。咨询者在各个方面的利弊得失之间，会因处于不同情境而有不同的考量。因此，在详细列出各项考虑层面之后，须再进行加权计分，即重要的考虑因素可乘以一至五倍分数（*5），依次递减。

（4）计算出各个职业选项的得分。咨询者须逐一计算各个职业选项在"得"（正分）与"失"（负分）的加权计分与累加结果，并计算各个职业生涯选项的总分。

（5）排定各个职业选项的优先顺序。依据各职业选项在总分上的高低，排定优先次序。职业选项的优先次序即可作为咨询者职业生涯决策的依据。

（二）SWOT 分析法

SWOT 分析法又被称为态势分析法，它是由美国旧金山大学的管理学教授于 20 世纪 80 年代初提出来的，是一种能够较客观准确地分析和研究计划任务的构成因素和实施步骤的分析工具，被广泛应用于企业战略决策。对个人技能、能力、职业、爱好、职业机会的分析和检验都可以尝试使用 SWOT 分析法。

1.SWOT 分析法的内容

SWOT 四个英文字母分别代表优势（Strength）、劣势（Weakness）、机会（Opportunity）和威胁（Threat）。一般来说，优势和劣势从属于个人本身，机会和威胁则来自外部环境。

从整体上看，SWOT 可以被分成两大部分：第一部分为 SW，主要用来分析内部因素；第二部分为 OT，主要用来分析外部条件。同时，SWOT 又可以被分为两种性质：一是作为优势和有利条件的肯定方面，即 SO；二是作为劣势和不利条件的否定方面，即 WT。基于这样四个方面的分析结论，就可以得出初步的行动方案，简单地说，就是构筑自身的优势（S），克服自身的劣势（W），探索外部的机会（O），消除外部可能的威胁（T），最终取得行动的成功。

利用这种方法可以找出对自己有利的、值得发扬的因素，以及对自己不利的、要避开的事物，发现存在的问题，找出解决的办法，并明确以后的发展方向。根据这些分析，可以将问题按轻重缓急的程度分类，明确哪些是目前急需解决的问题，哪些是可以稍微拖后一点儿的事情，哪些属于总体战略目标上的障碍，哪些属于局部战术手段上的问题，并将这些分别列举出来，然后依照矩阵形式排列，用系统分析的思想，把各种因素相互匹配起来加以分析，从中得出一系列相应的结论。而结论通常带有一定的决策性，有利于使用者做出较为正确的决策和规划。

进行 SWOT 分析时，个人的优势有：①个人的兴趣、爱好和特长；②在某方面的专业知识和工作技能、经验；③强烈的进取心、独立的思想和长远的眼光；④某一科研领域的著述或研究成果；⑤获得的技能证书，如某种职业资格证书；⑥家庭强大的经济支持；⑦自己或父母亲友的社会关系。总之，自己可以利用的一切资源都可以成为个人职业发展的优势。

个人的劣势有：①在某方面的专业知识和工作技能、经验的缺乏；②不自信或太自负，心态未摆正；③与人交谈时沟通不利，表达不清楚，解释问题抓不住重点，谈吐条理不清，声音太小等。

外部环境的机会有：①自己所学专业的社会发展前景；②自己与同学、同专业的人或已经从事本专业工作的人相比的技能水平；③具备相关的见习或实习经验，在见习或实习中对某方面的工作或业务有较深入的了解；④学校或老师提供的课题研究项目；⑤社会对本专业人才的需求量较大等。

外部环境的威胁有：①职业目标岗位缺乏，行业发展不景气；②自己已选专业在未来发展前景不明朗或此行业竞争激烈；③自己所就读的学校不是国内知名大学，科研水平不高、条件不好；④国家近期或未来的政策导向不利；⑤学校提供的发展机会不多，学生间竞争激烈。

通过这种对自身和外部的全面分析，我们就可以扬长避短，发挥个人优势，弥补个人劣势，抓住外部机遇，回避外部威胁，迎接挑战，完善自我。

2.SWOT 分析法决策的步骤

（1）调查分析内外部环境。

外部环境因素包括机会因素和威胁因素，它们是外部环境对个人发展有直接影响的有利和不利因素，属于客观因素。内部环境因素包括优势因素和劣势因素，它们是个人在发展中自身存在的积极和消极因素，属于主观因素。在调查分析这些因素时，不仅要考虑历史与现状，而且要考虑未来发展问题。

（2）对以上的因素进行排序。

根据轻重缓急或影响程度，将上述各种因素排列于 SWOT 矩阵中。在此过程中，要把那些对自己的发展有直接、重要、迫切、久远影响的因素优先排列出来，把那些间接、次要、缓慢、短暂的影响因素排在后面或干脆省略。

（3）确定对策，制定计划。

SWOT 内外部环境因素具有四种不同的组合，也对应着不同的对策。我们应该发挥优势因素，化解威胁因素；立足当前，放眼未来。

三、职业生涯决策应注意的问题

影响我们进行职业生涯决策的原因是复杂的，在决策时我们也面临着很多困难，如何在面临多种选择的时候做出科学的选择呢？

（一）职业生涯决策时要正确面对各种困难

美国斯坦福大学教育和心理学教授克朗伯兹从 1983 年开始就注意到职业决策中的困难。他认为在进行职业决策时可能遇到以下五种困难：人们可能不会辨认已有的可解决的问题；人们可能不努力做决策或解决问题；因为错误的原因，人们可能会消除一个潜在的满意的选择对象；因为错误的原因，人们可能会选择较差的选择对象；在感到没有能力达到目标时，人们可能会经受痛苦和焦虑。

对于大学生来说，职业生涯决策的困难来源也是多方面的。职业生涯决策的困难因素是指不利于我们职业生涯发展的个人因素。这些因素使我们职业选择不利，或造成我们职业生涯发展困境长久无法突破。职业定位的困难包括下列八个因素：

1. 意志薄弱

个人的职业选择容易受到外在因素的影响，如父母、朋友社会价值观的影响，一旦受到反向影响，就会减少投入的时间和精力，甚至放弃自己真正想要的目标。

2.行动犹豫

对自己缺乏信心，充满忧虑，迟迟未采取与职业发展有关的活动。

3.资讯探索困难

无法积极地搜集相关产业、行业、职业的信息，或不清楚获得这些信息的渠道，或不知道如何利用这些信息。

4.特质表现

个性方面的障碍，如没有主见、被动，习惯由他人为自己做决定，不愿意自己做规划，积极性、主动性不高等。

5.方向选择

对自己曾做过的职业抉择感到怀疑，或目前有多种选择不知如何着手。

6.科系选择

自己所读的科系并非自己的期待，或认为不适合自己。

7.学习状况

对自己的学习成果不满意而产生了负向效应，或知识、能力的储备不够。

8.思想意识

不愿意从事具有挑战性的工作，不愿意干脏、苦、累的工作，不愿意到基层就业等。

因此，大学生在进行职业生涯决策时，要重视种种困难，要正确面对问题，不要逃避问题，特别是要克服困难，积极面对可能出现的问题，通过自身的努力寻求自己最优的选择。同时，面对困难也可以向值得信任的人求助，如向朋友、学长、家长、职业顾问求助。

（二）职业生涯决策需要结合自己的性格、特长和兴趣

职业生涯能够成功发展的核心，就在于所从事的工作正是自己所擅长的。制定职业规划时，一定要认真分析出自己的优缺点。从事一项自己擅长并喜欢的工作，工作会很愉快，也容易脱颖而出。

（三）要考虑到实际情况，并具有可执行性

很多人刚开始时雄心壮志，一心想着出人头地。现实社会里的工作，有时确实存在一定的跨越性，但是更多的时候却是一种积累的过程，包括资历的积累、经验的积累、知识的积累等。所以职业规划不能好高骛远，而要根据自己的实际情况和社会情况，一步一个脚印，层层晋升，最终才能成就梦想。

（四）职业生涯决策必须有可持续发展性

职业生涯决策不能只制定一个阶段性的目标，要有明确的长期的职业生涯目标，而且职业生涯目标应该是一连串的、可以贯穿自己整个职业发展生涯的远景展望。今天的生活状态不由今天决定，它是我们过去生活目标的结果；明天的生活状态不由命运决定，它将是我们今天生活目标的结果。如果职业生涯决策定得过于短浅，后面又没有后续决策点作为支撑，肯定会使人丧失奋斗的热情，且不利于自己长远发展。

第三节　职业定位

一、职业定位的 SMARTC 原则

职业定位的实质就是确立职业目标，然后找出达到目标的途径。只有当一个人在头脑中对自己的职业发展方向有清晰的概念，他的生命才会有意义和方向。

很多时候，大学生们忙忙碌碌，选修各门学科，参加各种活动，准备各场考试，却没有目标。他们一方面感到迷茫，另一方面却又不能停下来，不能花时间看清楚自己的方向，只是盲目地胡乱奔跑，从而陷入"忙—盲—茫"的怪圈。这种"边跑边看路"的做法无异于缘木求鱼。就像《爱丽丝梦游仙境》里，柴郡猫对爱丽丝说的那样："如果你不知道自己想去哪儿，那么走哪条路都无所谓。"而你只要一直往前走，哪怕是胡乱奔跑，也总可以到达某个地方。但你对自己的处境满意与否就是另一回事儿了。并且，如果连你都不知道自己要什么的话，别人也不可能给你有效的帮助。因此，科学有效地进行职业定位，确立人生目标，是非常关键和重要的。

（一）S——Specific：明确的

该原则是指职业生涯目标要清晰、具体、明确。所谓明确，就是要用具体的语言清楚地说明要达到的目标。明确的目标几乎是所有成

功人士的一致特点。很多人不能成功的原因之一就是目标定得模棱两可。要做到这一点，需要回答以下六个"W"。

Who：谁参与。

What：要完成什么。

Where：确定一个地点。

When：确定一个时间期限。

Which：确立必要条件和限制。

Why：明确原因，实现此目标的目的或好处。

例如，"我的目标是更好地利用时间"，这样的目标就有问题。应该说"我一天只能花不超过一个小时的时间来看电视"或"我每周要花两个小时的时间来上网查找有关服装设计师这一职业的资料"。

心理学家得出了这样的结论：当人们的行动有了明确的目标，并能把自己的行动与目标不断地加以对照，进而清楚地知道自己的行进速度与目标之间的距离，人们行动的动机就会得到维持和加强，就会自觉地克服一切困难，努力达到目标。要达到目标，就要把大目标分解为多个易于达到的小目标，像上楼梯一样，一步一个台阶，脚踏实地向前迈进。每达到一个小目标，就相当于前进一个台阶，就会体验到成功的喜悦，这种感觉将推动他充分调动自己的潜能去达到下一个目标。

（二）M——Measurable：可量化的

职业生涯目标是可度量的，要有一组数据作为衡量是否达到目标的依据，这样才有一个可以衡量成功或者失败的标准，从而可以准确地评价自己是否达到了目标。假如想加强社会实践，可以将自己的目标定为"在这个月内，参加一个学生社团（摄影协会），并访谈两位摄影师"。假如想熟练掌握网站制作技能，那么可以将自己的目标定位为"可以独立完成一个电子商务类网站的策划和制作"。

（三）A——Achievable but Challenging：可以达到但有挑战性

目标应该在付出努力的情况下可以实现，避免设立过高或过低的目标。也就是说，就自己的能力和特点而言，实现这个目标是现实的、可能的，但又有一定难度。比如，如果你的目标是能够按时毕业，拿到学位，那么这种目标就是不具挑战性的；但如果你把目标设定为在学术造诣上超越爱因斯坦，那么基本上没有实现的可能，这种目标在设定上就是失败的。

（四）R——Rewarding & Relevant：目标有意义、有价值，有奖惩的措施，并且有相关性

首先，职业生涯目标要对自己具有一定的意义，并且目标的实现能带来成就感、愉快感。比如，如果没有按计划在一个月内完成对两位工程师的访谈，那么你就不能在国庆假期时外出旅游，而要利用七天的假期完成访谈任务。

其次，设定的目标要有现实性，要和实际情况相关联。设定的目标最好是自己愿意做，并且能够做好的。在职业目标的设定上，一定要注意目标的设定要和岗位的职责是有关系的。比如，你打算从事会计工作，努力获得会计师资格证是很有必要的。

（五）T——Time-bounded：有明确的时间限制

目标要有时限性，即完成绩效指标的特定期限。要在规定的时间内完成，时间一到，就要看结果。没有时间限制，就没有紧迫感。不

能将目标统统定为"在大学毕业前完成",而要有计划、分步骤地在限定的时间内完成。以一周、一个月或一学期为单位设立目标,会比将事情都堆到大四毕业前完成要有效得多。

(六)C——Controllable：可控的

可控性主要是指自己对影响到目标实现的因素具有相当的控制能力。比如,"我的目标是在 ABC 公司获得一份工作",这种表述方式就违反了可控性的原则。

因为你能否获得这份工作并不取决于你自己,你有被拒绝的可能。但如果你将目标换成"在下周三之前向 ABC 公司申请一个职位",就是可行的,因为你能控制相关的因素。目标的可控性原则表明:必须为自己的目标负责,而不能指望他人来实现一切。当确实需要他人的帮助时,可以向他们表达,争取与他们合作,但期望值不能太高,必须做好被拒绝的准备。确切地说,你能够控制的只有你自己。

采用上述原则设立目标的好处:它使你所制定的目标与计划有实现的可能,并且可以帮助你在一段时间之后总结自己所取得的进步或不足,明确自己该干什么以及干得怎么样。

二、职业定位的步骤

职业定位是在自我认知和环境分析的基础上,确立职业目标、职业发展路径、职业发展阶梯的一个过程。

(一)职业目标的确立

职业目标的确立是在自我认知和环境分析的基础上,初步确定适合自己的、自己喜欢的、有能力做好的职业,然后运用一定的职业选择策略，进行优势整合，从而确定自己的职业目标。

从利益最大化原则来考虑，每个人在选择职业的时候一般总希望选择那些适合自身特点而又有发展前途的职业。这样的职业目标可能对于某些选择者来说不止一个，那么，选择者就必须从多个目标中做出取舍；而对于另外一些选择者来讲，也许这样理想的职业目标一个也没有，因此，选择者就必须退而求其次，选择那些不能满足自己利益最大化的职业。

在确立职业目标时，我们必须既要考虑个人实现职业目标所需要的资源和精力，又要考虑可能会面临的风险。因此，我们最终确立并保留的职业目标一般不应该超过三个（多则精力不允许），且至少要有一个。

保留多个目标的人，还应考虑协调几个目标之间的关系，争取使它们之间具备互相支撑和相互替代的关系。如目标有缺陷，从确立该目标之日起，就应该立即着手创造条件、弥补缺憾，力争在改善条件、改造资源、增强个体能力的同时，使职业目标得以实现。

在实际操作中，这样的选择过程对于一个人的职业发展来讲，仅进行一次是远远不够的，在面临学业方向改变、就业前景考察、职位升迁等状况时，便需要反复审视和循环选择过程。所以，熟悉这一过程对个人职业生涯规划的成功非常必要。

（二）职业生涯发展路径和职业发展阶梯

在确定职业目标之后，如何从"现在的我"出发，达到理想中的目的地，实现自己的职业生涯目标，就需要对职业路径做出选择。发展路径不同，发展的要求也不同。因此，在职业生涯规划中，需认真选择职业路径，以便使自己的学习、工作以及各种行动能够沿着预定的生涯路线前进。

1. 职业生涯发展路径

职业生涯发展路径也被称为职业生涯路线，是我们为自己设计的一套自我定位、成长及晋升的管理方案。它能够帮助我们了解自己在职业发展中的位置以及进一步发展的方向。

职业生涯路线的选择取决于三个要素：想、能、可以。这三个要素的基本含义如下：

（1）我想往哪一条路线发展？

通过对自己的兴趣、价值观等因素的分析，确定自己的兴趣取向，即自己的志向是关于哪一方面的，自己喜欢走哪一条路线。这是自身的兴趣问题。

（2）我能往哪一条路线发展？

通过对自己的性格、特长、智力、技能、情商、学识、经历等因素的分析，确定自己的能力取向，即自己能走哪一条路线。也就是说，自己是否具有某一方面的特长和优势。这是自身的特质问题。

（3）我可以往哪一条路线发展？

这是对当前及未来的组织环境、社会环境、经济环境的分析，确定自己的机会取向，即内外环境是否允许自己走这条路线，走这条路线是否有发展机会。这是环境条件问题。

对上述三个要素进行综合分析，确定自己的职业生涯路线，这三个要素缺一不可。

2.职业发展阶梯

职业发展阶梯是职业路径的核心内容，也是我们进行职业管理的基础。它是我们决定个人成长、晋升的不同方式、条件和程序的策略组合。

三、职业定位的考虑因素

（一）个人因素

大学生在进行职业定位时，由于每个人都有着不同的兴趣爱好、价值观、知识结构、社会背景等，每个人考虑的因素也不同，各有侧重。一般而言，要综合考虑以下各种因素，根据自己的具体情况确定自己的职业定位：工资收入水平；个人兴趣与爱好；单位的地理位置；单位性质；单位的发展前景；继续深造的条件；发展机会。

由于职业选择是充满个性的活动，不同的人在选择职业的时候会做出不同的价值判断，也会加入其他参考因素。因此，现实中并不存在真正意义上普遍适用的职业选择参考依据。对于个人而言，做好个人的职业选择，总结和归纳影响自己职业选择的具体因素，无疑是需要我们努力的事情。

（二）职业因素

根据对大学生就业的研究，一般来讲，从操作层面上解决大学生职业目标的选择，在择业指标的选取方面可以参考以下四个指标：

（1）职业技能要求的专业化程度。技能要求越是专业化，工作的难度就越大，但面临的竞争者相对较少，职业回报也较为丰厚。

（2）职业工作的舒适度。业绩指标要求适当、工作压力小、工作环境条件完备，工作的舒适度就高。

（3）职业工作的待遇。与周围的从业者相比，薪酬福利待遇较高、晋升机会较多，选择从事该职业的意愿就越强烈。

（4）职业工作的发展前景。宏观经济繁荣、组织良性发展、同事合作融洽、市场需求旺盛，职业发展前景就会积极明朗。

以上四个择业指标的综合考察，是大学生选择职业、进行职业定位的一种较为普遍的做法。

（三）热门目标和冷门目标

1. 热门目标

热门目标的特点为：有众多的求职者；社会需要较大；社会环境有利；竞争者数量众多；在众多的竞争者中成为佼佼者较为困难。

当某种目标成为热门目标时，阻碍成功的不利因素、需要付出的艰苦劳动方面，往往会被人们忽视，这就使一些人在选择这种目标时，过高地估计了自己的才能，也过高地估计了成功的可能性。

2. 冷门目标

在选择职业生涯目标时，着眼于有较大社会需求的冷门目标，即目前暂时不为人们所重视，但未来却非常需要的职业，不失为一种明智的策略。

选择冷门目标，可以避免与众多的人竞争，只要这一目标的确有社会价值，自己又做出相当的努力，就很容易取得成功。

冷门目标的优势，是有利于人才崭露头角。

在选择职业生涯目标时，可以根据自己的爱好与条件，侧重于考虑和选择目前尚属冷门的目标。

四、职业定位应注意的问题

（一）认识自己，了解职业

认识自己，既包括认识自己的兴趣、气质、性格和能力，也包括认识自己的生理素质、知识结构和职业适应性。其目的在于真正了解自己最适合干什么工作。了解职业，既包括了解职业活动内容、职业特点、职业环境、职业报酬，也包括了解职业对从业者素质的要求。了解职业的目的，在于提高求职的针对性，减少盲目性。

（二）正确把握自己的择业期望值

大学生应实事求是地对自己的职业期望做客观科学的分析，分清哪些是合理的，是能够实现的，对此应努力追求；哪些是不合理的，是实现不了的，对此应放弃。这就要求每位大学生都应该以自己的专业所长、个人素质优势以及客观的社会需求为基础，确立积极合理的职业期望。

正确把握择业的期望值，应防止下列问题的出现：防止虚荣的思想；防止图享受的思想；防止图安逸的思想；防止偏离自己的择业目标；防止期望值过高。

（三）树立正确的就业观念

大学生应转变就业观念，摒弃只有正规就业或端"铁饭碗"才算就业的传统观念，树立从事非全日制、临时性、季节性等灵活形式工作也是就业的观念，树立职业平等和劳动光荣的观念，树立不怕苦、肯吃苦的思想意识。

（1）着眼长远、面向未来。大学生在选择职业时，不能只看眼前利益，不看企业发展前景；不能只看暂时困难，而不看企业的未来；不能只图生活安逸，而不顾对事业的追求等。选择职业时，应将眼光放远一些，不要局限于目前比较热门的职业。随着社会的发展，一些热门职业必将走向冷门，同时也会产生一些新的职业，一些冷门职业也会变成热门职业。所以，一定要将眼光放远，选择那些有发展前景、符合社会需求的职业。

（2）目标高低要恰到好处，且幅度不宜过宽，应该为自己留有足够的发展空间。职业生涯目标要稍微定得高一些。人的职业生涯应志存高远，追求符合实际的远大目标，自我确定的目标越高，越能起到激励作用，发展前景也就越大。相反，如果所定的目标太低，就会使人陷于畏缩不前、消极保守的状态。

当然，目标也不能过高。如果目标过高，则会使人飘在幻想的高空，在现实生活中必然一事无成，这样的目标也就失去了意义。

那么如何掌握一个合适的度呢？情况因人而异。一般而言，个人的经验、素质水平和现实环境的条件是我们制定目标的依据。职业目标的制定应略高于自己的能力，即"跳一跳可以够得着"。

目标有高有低，也有宽有窄，是宽一些还是窄一些，也要视个人的情况而定。目标窄，可以集中精力实现目标；目标宽，则选择面大一些。

（3）职业目标行为要正当。能够成功的目标，必定是行为正当的目标。事业成功者所要达到的目标，必须符合党和国家的方针政策，符合道德规范，不损害社会的利益，不会给其他人带来痛苦和损失。这样的目标才能成功，否则，就会将我们引入歧途。

（4）职业目标长短配合要恰当。我们可以将大目标分解成若干小目标，分阶段逐一实现。通常职业目标分为长期目标、中期目标、短期目标，仅仅有长期目标，会导致自己对未来失去信心，而仅有短期目标，又会导致职业目标的短视化。具体几年为一个目标阶段，可以视自己的具体情况而定。

（5）职业目标要留有余地。也就是说，在实现目标的过程中，不要过急、过满、过死。过急就会欲速而不达；过满就会顾此失彼，无法坚持；过死，就会失去灵活性，无法处理突发事件。要留有余地，就是要灵活机动，即使发生某些意外，也有精力和时间去处理。

（6）积极培养兴趣。兴趣爱好固然重要，但它并非与生俱来，而是与后天的培养和环境的影响有着重要的关系。当我们选择的职业不是我们最感兴趣的职业时，我们也可以有意识地培养自己在本行业的兴趣，这样也可以实现职业生涯发展目标。

（7）主动选择。这里所说的主动选择，主要包括以下三个方面：

①主动参与职业岗位竞争。大学毕业生应主动出击，通过人才市场、网站等渠道积极拓宽自己的职业选择范围，主动投放自己的求职自荐书，主动向用人单位推销自己，而不能只等着用人单位上门进行校园招聘。

②主动了解人才供求信息和规格要求。在寄送求职自荐书之前，一定要通过多种渠道了解人才供求信息、用人单位的招聘规格要求等，努力做到有的放矢，提高求职应聘的成功率，避免走弯路。

③主动完善自己。成功的求职应聘是以充分的求职准备为基础的。在求职应聘之前，必须在品德性格、知识结构、操作技能、待人接物、应聘技巧等方面不断地完善自己，做到胸有成竹。

（8）分清主次。在就业选择过程中，摆在毕业生面前的选择是多方面的。大学毕业生应从是否有利于自己才能的发挥、是否符合社会需要出发，分清主次，做出正确的抉择。应尽量选择那些最能发挥自己才能和特长，又迫切需要自己的那些地域、行业和组织去工作，这必将有助于其职业发展目标的实现。

此外，还要考虑到性别、年龄、身体状况、所学专业、社会意义和发展前景、必要的工作环境和保障条件等，这些也在一定程度上影响着人们的择业方向，是人们择业时不可忽视的因素。

第三章　职业适应与危机管理

第一节　就业初期的职业适应

面对严峻的就业形势和日趋激烈的竞争局面，初出茅庐的大学毕业生离完全适应未来的职业还有一段距离。为了更好地适应未来职业的要求，大学生要充分利用求学期间的大好时光，根据所选择的职业要求，不断提高、完善自身素质，大胆迎接挑战，投入竞争，为适应未来职业生活和事业发展奠定良好的基础。

一、大学生职业适应的表现

大学生进入社会，走上工作岗位之初，都是充满热情、干劲十足的，但是有些人不久以后就会出现牢骚满腹、灰心丧气、工作得过且过的情况，这就是对职业角色不适应的表现。产生这些问题的原因是多方面的，如工作不能完全胜任、人际关系复杂、工作待遇不够理想等。

（一）职业适应的含义

职业适应也称工作适应，是指人们在职业生涯初期面对工作问题时的一系列心理过程，包括个体对工作环境、工作任务、工作活动的适应以及对自身行为和新的工作需要的适应。

有研究认为，大学毕业生的职业适应期为 3 年。人们可以适应某职业，但内心不一定认同该职业，可能对其评价很低，甚至低于社会评价的一般水平。据调查，刚参加工作时，有 50% 以上的大学毕业生认为自己"完全适应"或"基本适应"工作需要，有 30% 以上的大学毕业生认为"基本不适应"或"完全不适应"。

（二）就业初期职业适应不良的表现

大学生离开校园，初到就业岗位，面对新的人群、环境及任务，总会有不适应的现象。这期间的职业适应不良主要表现在以下几个方面：

1. 角色转换缓慢，依恋学生角色

大学毕业生刚走上工作岗位时易出现怀旧心态，常常会自觉或不自觉地将自己当作学生角色来对待工作，以学生的习惯方式观察事物、分析事物。面对较为复杂的人际关系及职业责任的压力，不禁会留恋相对单纯的学生时代。

2. 工作消极被动，缺乏自觉性与独立性

大学生一旦离开学校走向社会，就要承担起成人的职业角色。但他们还没有养成成人的自觉性和独立性，工作上又全靠领导安排，对自己的工作性质、范围、程度、相互关系还没有足够的认识。因此，在履行角色义务、掌握支配角色权利的尺度、遵守角色规范等方面还存在一定的问题。

3. 轻视实践，眼高手低

有些毕业生常以文凭、学位自居，自以为接受了正规教育，学到了不少知识，是个人才，因此轻视实践，放不下架子，只想做高层次的工作，看不起基层工作和基层工作人员，甚至认为一个堂堂的大学毕业生干一些不起眼的事是大材小用，有失身份。这实际上是眼高手低，"大事做不了，小事又不做"的表现。

4. 自卑退缩，不思进取

有些毕业生面对新的工作环境和生疏的人际关系时，缺乏应有的自信，工作中放不开手脚。特别是在知识分子密集的工作单位，看到别人工作经验丰富，驾轻就熟，相比之下，觉得自己这也不行那也不行，胆小、畏缩、不思进取、甘居人后，产生不求有功但求无过的消极心理，不利于自身才能的正常发挥。

5. 心态浮躁，缺乏敬业精神

一些毕业生在角色转换过程中表现出不踏实、不稳定的特征。这段时间想干这项工作，一段时间之后又想干那项工作，而对本职工作缺乏敬业精神，不能深入了解本职工作的性质、职责范围和工作技巧。

（三）试用期的职业适应

很多单位录用新员工后都有三个月甚至更长的试用期，在试用期结束后用人单位会对新员工的工作业绩进行评估，从而决定是否正式录用新员工。为此，新员工需要从一开始就养成正确的工作习惯，这些习惯不但可以帮助他们度过最初的试用期，而且会让他们在整个职业生涯中受益。

1. 需要注意的事项

（1）给人留下良好的第一印象

在与人交往的时候，第一印象是很重要的。

①衣着整洁，仪态大方。仪表是职业形象的基本外在特征，是一个人文化素养的外在表现，端庄的仪表会给人良好的第一印象。不同性质的单位，对服饰仪表有着不同的审美标准和习惯。但是，无论从事何种工作，衣着都应整洁、大方，不能过于花哨时髦，过分新奇另类或不修边幅都有损自身形象。发型、化妆应自然大方，切忌矫揉造作，注意卫生，始终保持积极向上的良好形象。

②待人接物，举止得体。刚到一个新单位，日常的待人接物、言谈举止都会给人留下深刻的印象。言谈举止应该表现得亲切、热情、有礼貌、有理智、讲道德、讲信用。待人接物时，一方面切忌骄傲——自以为是、目中无人、夸夸其谈；另一方面切忌自卑——过分腼腆、唯唯诺诺、手足无措。碰到一些新问题、新情况，要虚心向前辈请教，学习他们的好方法、好经验。与人交谈时，应注意发现别人感兴趣的话题，不要太多地谈论自己，要善于倾听别人的言论，尤其注意不要随便打断别人的谈话。与人相处应不卑不亢，并注意倒茶、让座、接听电话等容易做到的日常礼节。

③工作负责，遵守纪律。一个成熟的职场人要有强烈的责任感作支撑，对自己的决策和行为负责。"干一行，爱一行，专一行"，既然选择了这个职业，就要具有强烈的责任心，自觉遵守各项规章制度和工作纪律，不迟到，不早退。按时上班、下班，主动做一些诸如打水、扫地、整理内务的工作。相反，迟到早退、行为懒散、不诚实、不守信，就不可能赢得别人的信赖和尊敬。

④积极进取，踏实肯干。毕业生走上工作岗位后，首先要经历一个由理论到实践的过程。要注意将学到的理论知识积极运用到解决实际问题中。要注重从经验和实践中学习，不断提高自己分析、解决问

题的能力。对待工作要认真负责，忌懒散、浮躁、漫不经心，做事要善始善终，切忌丢三落四、虎头蛇尾。任劳任怨，甘于奉献，不能因为工作太脏、太累、太苦、太单调而不去做。

⑤严守秘密，少说多做。有些保密性较强的单位，对工作人员的纪律要求较严。到这些单位工作的毕业生，应当严守机密，不要随便向外人透露单位内部情况，不要混入"办公室帮派"，平时在办公室不要对工作说三道四、过多议论。须知，作为员工，初到单位的毕业生只需要把自己应该做的那份工作做好。

总之，良好的开始是成功的一半。尽管第一印象具有暂时性、表面性等特征，但是良好的第一印象的作用还是非常重要的，它有助于初到单位的毕业生站稳脚跟，有助于与单位职员融为一体，有助于工作的起步与发展。当然，我们不能止步于良好的第一印象，更不能以极力伪装的所谓"良好的第一印象"来骗取别人的好感。路遥知马力，日久见人心。毕业生应当通过长期的不懈努力，以自己良好的内在品质、正直的为人和出色的工作成绩给别人留下更高层次的良好印象。

（2）尽快熟悉自己的工作。要了解自己的新工作，难免要花一些时间。但是，如果让别人看出来你完全摸不着头绪，只能增加自己在试用期结束以后被"请"出门去的可能性。而在满怀憧憬、表现欲强、工作热情高涨的积极心态的推动下，工作起来就会化挑战为动力，出色地完成任务。这里要提醒的是，在一头扎入工作的同时，请放慢节奏，做好三项功课：

①熟悉公司内部的组织结构。包括公司有哪些部门，各个部门的职能、运作方式如何，自己所在部门在公司中的功能和地位，所在部门内同事的头衔和级别，公司的晋升机制等。

了解了公司的整体框架，就能初步明确自己在公司的发展前景，不至于只顾埋头工作而忽略了发展方向，能将被动地接受调动、工作委派和晋升变成主动地争取和计划。

②了解公司在行业内的地位。做完了第一项功课，就该将眼光放得更远，关注公司的战略发展，比如公司是否属于行业内的领跑者，是否面临内忧外患、业绩下滑等情况。这样就能知道公司在行业内有哪些发展机会，自己能和公司一起走多远，自己的三五年计划也就有了雏形。

③了解行业的发展状况。毕业生需要对行业进行宏观分析，如本行业是朝阳产业，还是夕阳行业。这样就能知道几年后自己积累的工作经验对职业发展有什么帮助。如果转入相关行业，还需要补充哪些技能？或可对哪些领域进行研究，谋求发展？毕业生可以在工作中不断关注行业评论，听取前辈们的观点，逐渐深化对工作的认识。

把这三项功课做好了，才算是真正熟悉了自己的职务，工作起来才能有的放矢，更有计划性和目的性。否则，进入公司半年后还懵懵懂懂，工作状态就会呈一条明显的"抛物线"，从积极主动到冷漠呆板，员工的满意度下滑，工作质量严重下降，最后甚至离开公司。

（3）尽快融入新的集体。不能很快融入新的集体是毕业生不能顺利度过试用期的一个重要原因。

融入团队是一个双向互动的过程。具体来说，就是既要让团队接受你，也要让自己接受所在的团队。要想不提前出局，你就必须采取行动，和同事建立良好的合作关系。而试用期的实质，就是给新员工一个规定的时间，让其通过自己的实践去完成这种互为接受的过程，并在这个过程中，接受团队对其综合能力的考察。

这不是说要对别人过分热情或者不停地和人家套近乎，而是把他们当作普通人那样，对他们感兴趣就行了。在最初的几天，打开话题的最好方法是请别人帮忙。只要让别人帮忙做的不是那些本职工作必须了解的主要技术性事务，就不会让人觉得自己工作能力低下。让别人知道自己如何适应一个全新的环境并熟悉其中的规则是再自然不过的了，这同时也能结交到新的朋友。

另外，还要建立团队归属感。归属感需要靠新员工自觉地与单位、同事、自己的工作建立一种微妙的情感连接。这需要克服自身浮躁的心态，调整自身性格和习惯，找到融入团队的切入点，同时形成对团队的忠诚度。一旦团队归属感建立起来，那么新员工不但有了精神依托的地方，还有了说话交流的地方，这在无形中就使工作单位成了你的精神家园。

（4）将自己的声誉当作品牌来经营。响亮的名声能让毕业生变得十分出众和引人注目。声誉的建立不仅需要过人的能力，还需要良好的品质。在现代社会，某些品质能给人带来良好的名誉，比如诚实、可靠、正直。一旦确定了，新员工就必须保持这些品质，坚持实践这些价值观。也就是说，要有一贯性和稳定性。如果新员工的声誉来自诚实可靠，那么就要小心，不要失掉这些品质。哪怕只撒了一次谎，或者只有一次没有按期完成工作，那么花了几个月的时间建立的声誉都有可能会毁于一旦。

一贯良好的作风、优秀的品质再加上高水准的工作，会让你在自己所在的职业领域享有盛名。就像人们说的那样——人未到，美名先行。到那时，你就不必再为了推销自己"磨破嘴皮子"，因为别人早就为你代劳了。你再也不用踏破别人的门槛求职，因为他们会主动找上门来。

（5）其他注意事项

①不要偷懒和推脱职责。上班时不要做与工作无关的事情，因为上班时一心二用是最让人烦心的。如果你的工作都做完了，可以要求增加工作任务。

②"少承诺，多干活"在生活和工作中都是至理名言。当你做出超乎预料的成绩时，人们会欣然接受。而如果你夸下海口，结果却办不到，那么人们会失望的。

③明确自己的工作职责。搞清楚老板对你的期待是什么。

④对自己的工作成绩保持客观、清醒的态度。跟同事们比较一下，看看自己的表现是不是符合要求。不要只满足于自己分内的工作，干活比别人多的人更容易引起老板注意。对工作要热情，主动承担分外的职责（但要掌握好度，不要招人厌恶），这样不但能为你增加宝贵的工作经验，还可以大大提高升职的可能性。

2.试用期心理自助

除了角色转换的问题外，毕业生在试用期还会有以下心理问题：

（1）焦虑，压力大。有人总结出一个试用期毕业生普遍的心理曲线：刚开始时盲目自信、超级乐观，看到周围有人开始"转正"，心里就痒痒；看到有人被解雇就极度恐慌，不知道下一个会不会轮到自己；等到试用期将满时就异常恐慌，直到自己真的被企业接受了，心态才逐渐趋向平和。

可以采取以下办法来克服心理问题：

①学会"享受"压力。要消除心中的压力，关键是要把自己的心

态调整到平衡状态。工作量大或强度高时，应该采用积极的办法，迎着压力而上，不能掩饰、找借口逃避等，以免造成心理上的疲惫。消极态度不但不会增加工作动力，反而还会消耗能量。

②为自己做好压力管理，努力不让压力升格为忧郁情绪，以免给自己带来莫名的苦恼。管理的重点是了解自己的优缺点，修正自己的不足之处。此外，要设定合理的工作及人生目标，一味要求完美大多只会失败；从开阔、弹性的角度来看待人生中的挑战，危机也许会变成转机。

③学会合理地使用减压法。减压不是忍受，也不是逃避，而是在压力面前营造一种积极的心态，让自己更轻松。例如，在办公室里散一会儿步，眺望一下远处的景物，等等。减压的办法很多，只要你认为"做些别的事"后可以让你的心情轻松，不会再为压力而烦恼了，你就可以毫不犹豫地去做。

④以笑养颜，以笑养心。笑是一种情感的宣泄，人在高兴、吃惊、紧张时都可以笑。如果你感到很紧张，对眼前的人或事感到无所适从，甚至对自己是否能够通过试用期而诚惶诚恐时，那就给自己一点笑的时间，以便有效地调整自己的情绪、心理状态和免疫系统，使自己从容不迫地面对要做的事情。

（2）学会心理自控。职场上，竞争无处不在。比如，好不容易找到工作又面临试用期的考核，如果你缺乏心理承受力和心理自控能力，就难以面对这种严酷的竞争。

培养自己的心理自控能力，说到底就是你应该有足够的心理适应能力，尽快地让自己接受周围的环境，也让团队接受你。具体办法有以下三点：

①花点儿心思去体察别人（不管是领导还是一般同事）的感受，说话时多用赞美之词；同时，不要在他人面前表现得自卑或自负。如果你真有不顺心的事，先控制一下自己的情绪，然后有选择性地向个别要好的朋友倾诉，不要借故胡乱宣泄。

②遇事多往好处想。当你心情不好时，想想单位里的同事曾经对你所获得成绩的赞美，想想领导、老板曾给你的人文关怀，你的心情就不至于太失控。

③遇到工作困难时，不要轻易地以"我不会做"为由推托，最好多用"我试试看"。要勤于独立思考，不要指望别人把好不容易总结出来的经验、摸索出来的窍门轻易告诉你，要有永不言败的精神，养成脑勤、嘴勤、手脚勤的好习惯。

（3）逆境中要学会从容应对。人生不如意十之八九，前进的路不会一帆风顺，而一个人在逆境时的心态以及表现，往往决定了自己的人生走向。对于处于试用期的毕业生而言，工作中要面对各种各样的问题。当你身处逆境的时候，无论是逃避还是以焦躁的情绪与对方发生争执，都是不明智的。

（4）理性调整被动心理。试用期虽然为企业和个人都提供了了解与磨合的机会，但由于企业是付薪者，毕业生是受薪者，其心理明显处于被动地位。毕业生在试用期屡屡受挫，越受挫越脆弱，甚至可能对自己的智力与表现力都产生怀疑，于是消极、对抗的情绪就会油然而生。因此，对将要走上工作岗位的毕业生在理性调整被动心理的问题上，可以采用以下方式。

①学会调节心情。首先，对自己的工作要有良好的看法，从而使自己在塑造自我的行程中充满快乐。其次，虚心学习。最后，融入团队，改善与团队成员之间的人际关系。

②设身处地理解领导、企业雇主。"理解"能化被动为主动、化干戈为玉帛，更重要的是能让你的试用期多一些安全感。

二、影响职业适应的因素及应对策略

有多种主客观因素会影响毕业生的职业适应，如理想与现实之间的距离、职业角色的转变、观念与素质能否与时俱进，以及工作满意度等。职业适应必须做好两件事：做事和待人。只要把本职工作做得出色（做事），并且能与人融洽相处（待人），你的职业适应就具备了坚实的基础。

（一）影响职业适应的因素

1. 理想与现实之间的距离

理想工作与现实工作之间的距离可能会引发情绪低落与不适应。每个人在进入职场之初，都不免有所构想，希望能够获得一份社会评价高、薪资待遇好的体面职业。但是，由于社会经济发展的需要，以及劳动力供应状况等条件的制约，人们往往无法立即找到完全符合自己理想的工作，可能一时只能找到一份并不理想的工作。这就很容易引起就职者"闹情绪"，觉得自己屈尊就下、大材小用，从而对工作产生抵触情绪，消极怠工；或盲目自大、自高自傲，深感怀才不遇、怨天尤人。这些心态，无疑都不利于个体对当前职业的认知、了解和接受，也使其难以适应当前的工作。

另外，职业的现实情况也不一定符合我们的期望。按照某种预期设想进入某种职业，会突然发现该职业的情况并不是完全按照期望进行的，这包括工作的内容、性质，管理者的风格、措施，工作环境条件和人际氛围等。我们面对实际情景与理想之间的落差，便容易产生不适应感。

2. 学生角色与职业角色之间的转换

对于不同的角色，人们都按社会规范，对其有一定的角色要求和角色期待，"干什么活就要像什么样儿""在其位，谋其职"，这些都表明了人们的一种角色定位要求。所以，选择或变动职业，都涉及角色转换的问题。人们具有不同的身份、地位，就要扮演不同的角色，遵循不同的角色要求，处理不同的角色关系。然而，一个人原有的行为方式及思想观念，会形成一种心理定式，在新的环境条件下发挥一种惯性作用。在新旧角色转换之时，由于新旧角色间的差距，往往易发生角色冲突，产生各种矛盾，引起思想情绪的波动，从而产生不适应感。对于刚毕业的大学生来说，必须清醒地认识到学生角色与职业角色在活动方式、社会责任、自我管理要求等方面的差异，并尽快转换角色，为职业适应奠定基础。

3. 观念与素质能否与时俱进

现代社会的科技发展与信息交换，使职业领域处于一种变迁和转换的动态过程之中。因此，个体在观念与素质方面必须与时俱进，否则可能无所适从。

为了顺应现代经济社会的发展要求，关于人才素质的观念也在相应地发生转变。其趋势大致有三种：其一，从"稳重型"到"开拓型"；其二，从"经验型"到"才能型"；其三，从"辛苦型"到"效益型"。这些转型，不仅涉及人才素质结构的重建，而且也涉及人们相应价值观念的更新。一些一度被奉为"传统美德"的品质在时代浪潮的冲击下，成了相对僵化、保守，不利于发展进步的阻碍因素，而原来信仰这些品质并为之努力奋斗的人们，便会经受转型时期蜕变的困惑和痛苦，产生职业上的不适应感。

4.工作满意感与职业适应

职业适应性良好，人们才能对工作产生积极的感情反应，即产生工作满意感。工作满意感也表明了个体对职业的适应状况。职业的主要维度有两个：事和人。因此，"做事"和"待人"的能力将直接影响人们的职业适应。

（二）职业适应的应对策略

了解了职业适应的影响因素，我们就可以有针对性地采取措施，尽量缩短职业适应不良的周期，尽快全身心地投入新的职业生活之中。

1.慎重择业以达到人与职业相匹配

选择职业是人生中的一个重要转折点，选好了可以为成就事业打下良好的基础，选不好将面临无数的坎坷。所以，选择职业一定要慎重。

职业选择的正确与否，直接关系到人生事业的成功或失败。在选择职业的过程中要考虑性格与职业的匹配、兴趣与职业的匹配、特长与职业的匹配、内外环境与职业的匹配等。良好的职业选择是以自己的最佳才能、最优性格、最大兴趣、最有利环境等信息为依据进行的。适合自身特点是求职者择业的基本着眼点。社会上的职业多种多样，不同的职业对从业人员的知识、技能、素质等要求不同，且求职者个人的条件也不一样，不同的个体所具有的素质也是有差异的。所以，求职者对于职业的选择，应从社会需要出发，同时也要考虑自身的实际情况，扬长避短，只有这样才能做到人尽其才、才尽其用。

2. 了解行业规范，促进角色转换

适应新的职业环境，一般来说包括两方面：一是适应新的工作，主要是和"物"打交道；二是适应新的人际关系，主要是同"人"打交道。

适应新的工作，就是要熟悉该行业的角色规范，包括技术规范、纪律规范和道德规范，迅速掌握工作技能，提高工作效率，积极参加职业培训，向师傅、同事虚心求教，端正工作态度，这样有利于自己尽快投入新的工作。

适应新的人际关系，实际上就是"角色认同"的过程。不同条件下的人际关系中，有些良好的品质是相通的，如真诚坦率、诚实守信、谦虚随和、公正无私等。而工作中又牵涉一些特定的关系，主要有同事关系、上下级关系、师徒关系等，在不同关系中，尊重和平等、友善和正直都是必要的，但在这三种关系中，一个人的身份、地位还是有所差别的。在同事面前，更多地需要表现出友好、胸无城府的一面；在领导面前，更多地要显示学有所长、可被委以重任的一面；在师傅面前，更多地要表现踏实好学、孺子可教的一面。其实，所有的美德都有利于增进人际关系，使人适应新的群体。

3. 用工作成就强化职业适应

其实，工作成就与职业适应之间是互为条件、相辅相成的关系。工作的成就感不仅仅来自最后的成功，更来自每一步工作良好完成的喜悦。成就感的积累有助于开展下一步的工作，直至成功。

首先，每个人都有做好本职工作、有所成就的需要，这种需要的满足会激励其积极地参加职业活动，克服困难并排除干扰，从而提高自身对职业的适应能力。

其次，工作成就是职业适应性的外部标志。在职业中，良好的适应能力可以减少许多不必要的损耗，使自己更易在工作中取得较高的绩效。

最后，在取得一定的工作成就后，人们会认识到自身的进步，会从来自社会和外部群体的反馈信息中得到赞许。这样既能享受成功的快乐，也能增强其职业适应性。随着职业成就的提高，人们的职业水平也会不断地提高。

4. 提高自身素质，增进职业选择的弹性

培养广泛的兴趣，能使人摆脱狭隘的职业观念，拓宽职业视野，在面临职业转向时有更大的选择余地。一定的文化、职业或专业知识，是一切职业活动的必要基础，是人们按照客观规律从事职业活动的必要保证。具有广博的知识，可以使人们在不同的职业中有更多迁移的可能，具有更大的变通性，这也可以增强人们的职业适应能力。

在提高自身素质、不断完善自我的过程中，会受到以下因素的影响：

（1）智力因素。大学毕业生已经具备了获得职业技能的基础条件，即拥有了比较扎实的基础知识和专业知识。但是社会角色的适应过程是一个不断学习、完善的循序渐进的过程。初到工作岗位，自身的知识量不一定足够大，知识结构不一定合理，因此，大学毕业生要根据职业的特点、性质、工作程序及其相互关系，不断学习新知识，增强自身素质和能力，提高工作技能和业务水平。研究数据显示，人在大学期间所掌握的知识，约30%是在工作中能用得上的，约70%是备用的。因此，大学生在工作岗位上所用的知识大部分需要再次学习和充实。随着知识经济时代的到来，知识更新和产生步伐的加快，大学生必须不断地更新知识，开阔视野，完善、拓宽知识结构，以适应新的形势。

（2）非智力因素。除了必需的专业知识外，非智力因素也是影响大学毕业生职业技能获得的重要因素。

①情绪。一些大学生在从学生角色到职业角色的转换过程中表现出不踏实的作风和不稳定的情绪。

②自信心。一些毕业生面对新的环境，对自己缺乏自信心，不知道工作应该从何下手，畏首畏尾，缺乏青年人的朝气和锐气，更谈不上职业技能的训练。

③意志力。面对职业中的困难，不少毕业生有畏难情绪，缺乏战胜困难的意志力。要知道，任何工作都有一定的难度，有难度的工作才有意义，完成工作才能体现出自身的价值。因此，在工作中应该迎难而上，不懈地努力。

④观察力和思考力。要进入职业角色，获得职业技能，就要开动脑筋、善于观察、勤于思考。只有善于观察才能发现问题，掌握大量的第一手资料和职业对象的内部规律。同时，只有勤于思考才能在工作中有自己的见解，使自己的职业技能得到训练，逐步具备独立开展工作的能力，更好地承担职业角色。

5. 保持积极的工作心态

对乏味单调的工作能安心适应、获得满足，秘诀之一是保持积极的心态，即把那些烦琐的例行事务，看作通往目标进程中的"踏脚石"。"你的心态就是你的主人，要么你驾驭生命，要么生命驾驭你。你的心态决定了谁是坐骑，谁是骑师。"与消极心态相比，积极心态能产生特别的效果。国外许多专家认为良好、积极的心态具有正面效应。他们认为，常常真心真意地对自己说"我觉得健康，我觉得快乐，我觉得好得不得了"之类的鼓励语，会增进自己对工作的适应性和满意度。

乐观可以帮助我们减轻压力，消除紧张。保持良好的心理状态，也可以促进生理机制的正常运转，使我们的身心达到最佳的状态。要让自己的身心处于最佳的状态，可以从以下几点入手：

（1）养成良好的心态。对待困难有三种可贵的态度：一是不惧怕；二是敢于战胜；三是乐观面对。风浪总会结束，光明总会来到，我们要养成乐观的心态，为事业发展打下基础。

（2）微笑对待人生，快乐面对工作。无论从事什么工作，在完成工作的过程中，均应保持愉快的心情，充分享受工作的过程。研究发现，人在快乐时的精神、精力及智慧是处在最佳状态的。

（3）效法成功者，增强信念。成功的一条捷径就是向成功者学习。成功的一个秘诀，就是借用已被证明有效的方法。你可以向成功者学习，做成功者做的事情，了解成功者的思考模式，然后再以自己的风格，创造出一套自己的成功哲学和理论。

（4）发现自我，秉持本色。每个人的生活、工作面貌都是由自己塑造的，如果我们能学会接受自己，看清自己的长处，明白自己的短处，扬长避短，便能站稳脚跟，达到目标。

（5）战胜恐惧，战胜自我。任何人都会出错，错误没有什么可怕的。历史一再表明，要达到成功，必须坚定信念。

三、职业适应需要具备的素质及其培养方式

一项对毕业生职业适应的追踪调查发现，职业适应需要具备的素质有：业务能力、事业心、责任感、人际交往能力等。这些素质可以被归纳为"做事"和"待人"两个方面，毕业生可以选择一位好的职业督导，来培养自己的人际交往能力和情感能力，从而提高自己的素质。

（一）选择一位好的职业督导

职业督导是"想尽办法帮助毕业生明确个人目标以及采取实际行动实现这些目标的专业人士"。职业督导是来自西方的概念，类似于我国企业中"传、帮、带"的师傅，或学校中经验丰富的老师。大多数成功的管理者，在其职业生涯中都有一个或多个督导。私营企业早已认识到督导的重要性。在一项对《财富》杂志五百强企业首席执行官（CEO）的调查中，很多CEO都提到，有效的职业督导是他们取得成功的重要因素之一。实际上，接受职业督导现在已被看作是事业发展的重要辅助手段，许多公司均提供督导服务。

（二）学会与人融洽相处

在一切社会活动中，都会不可避免地发生个体之间的相互作用和联系，这种建立在个人情感基础上的相互联系就是人际关系。事实上，人际关系渗透在所有的社会关系中，它对每个人的发展都具有非常重要的意义。

1. 与上司相处

与上司相处融洽对新员工来说是非常重要的。与上司相处必须掌握一定的艺术和技巧：

①积极工作。努力工作总是不会错的，尤其对新职员而言。没有上司希望自己的手下懒散、无能。在上司的领导下，积极并且高效地完成各项工作任务，是与上司和睦相处的基本法则。

②勇于承认错误。如果你违反了单位纪律或工作规则，就应对自己的过失负责。要深知承认错误并非羞耻之事，相反，被人揭穿了仍死不承认才是不明智的。上司对新职员犯错一般都会持宽容态度，但对隐瞒错误的新职员则很难再信任。

③注意与上司在一起时的礼仪。比如，与上司同时进门时先请他进去；在路上遇见上司，主动与他打招呼；与上司同桌进餐时，可以先向上司敬酒（茶）；等等。要让上司感受到你对他恰如其分的尊重。

④保持自己的思维能力与独立人格。虽然与上司处好关系极其重要，但这并非指不讲原则、无条件地服从上级。在国家、集体利益受到损害，以及自己的独立人格受到侮辱时，你应该有自己的判断力和决策力，坚持自己独立的人格。

2. 与同事相处

跟上司打好交道很重要，但是和其他人打好交道也同样重要。你总有需要同事帮忙和支持的时候。如果你的人缘不好，到找同事帮忙的时候就有可能"碰钉子"。

以下这几条简单的注意事项能帮助你维持良好的同事关系：

①保持快乐。如果你对别人微笑，别人也会对你报以微笑。如果你是个快乐的人，那么你周围的人可能也会很快乐。不要牢骚满腹、皱眉头，应振作、乐观一点，因为没有人会喜欢一个愁眉苦脸的人。

②耐心倾听。能说会道的人随处可见，善于倾听的人却不可多得。当别人跟你说话的时候，正确的做法是注意听他们在说什么，不要在他说话的时候盘算自己想说的话。学会在听的同时进行思考，不要总觉得自己应该是主角，要给别人表现的机会。

③三思而行。鲁莽冲动会对事业造成致命的伤害。

④思想开明。受欢迎的人无一例外都是思想开明的，而不是固执、教条主义的。

（三）培养自己的情感能力

美国心理学家丹尼尔·戈尔曼在《情商》一书中指出，在生活中，人类的自我意识能力、自我约束能力、毅力和共情能力等情感能力要比智商的作用重要得多。戈尔曼尤其强调，情感能力在决定一个人的领导才能方面更加重要，因为在重要的工作岗位上，所有人的智商都高于平均水平，因此拥有出众的情感能力才能占据优势地位。在高级管理职位上，高情商才是真正优秀的领导人所具备的优势。戈尔曼还说，对企业中业绩出众的员工的研究结果表明，能把业绩出众的员工与其他员工区分开来的能力当中，有 2/3 以情感能力为基础，只有 1/3 与智力因素和专业技能有关。

1. 了解自我

监控情绪时时刻刻变化的能力是自我理解与心理领悟力的基础。没有能力认识自身的真实情绪，就只能任凭这些情绪摆布；对自我的情绪有更大的把握性，就能更好地指导自己的人生，更准确地决策职业。

2. 管理自我

管理自我，使情绪适时、适地、适度。管理自我的能力包括自我安慰，有效摆脱焦虑、沮丧、激怒、烦恼等消极情绪侵袭的能力。如不具备这一能力，将使人陷入痛苦情绪的旋涡中，反之，则可使人从人生的挫折和失败中迅速跳出，重整旗鼓，迎头赶上。

3. 自我激励

自我激励是指为服从于某目标而调动、控制自己情绪的能力。要想集中注意力、自我激励、自我把握、发挥创造性，这一能力必不可少。任何方面的成功都必须有情绪的自我控制——延迟满足，压抑冲动。能够自我激励，积极、热情地投入工作，才能取得杰出的成就。具备这种能力的人，无论从事什么行业都更有效率、更有成效。

4. 识别他人的情绪

共情，是在情感的自我知觉基础上发展起来的又一种能力，也是重要的人际关系能力。具有共情能力的人能通过细微的社会信号，敏锐地感受到他人的需求与欲望。这一能力能满足服务、教育、销售或管理等职业类别的要求。

5. 处理好人际关系

大体而言，人际关系能力就是调控自己与他人的情绪反应的技巧。人际关系能力可强化一个人受社会欢迎的程度、领导权威、人际互动的效能等。

　　不同个体之间在上述几个方面有很大的差异。比如，有些人善于排解自身的焦虑，却拙于安慰他人的痛苦。人脑的高度可塑性，使人能够不断学习。因而，情感技能方面的欠缺完全可以得到弥补。在很大程度上，个体可以通过正确的努力（再学习）来学会适应性的反应模式，进而改善自己的情感能力。

　　对大学毕业生来说，第一份工作不要太计较薪资，要将眼光放远些，抱着学习的心态，才会有更光明的未来。重要的是，当毕业生拥有了正确的工作观，继而在职场中不断完善自己时，第一份工作会让你毕生受益。

第二节　工作环境与人际关系

适者生存，生存是为了发展。每个人对社会和环境的适应都应该是积极主动的，而不是消极地等待。大学生步入社会后只有具备较强的社会适应能力，才能充分发挥自己的聪明才智。大学生要适应社会，不能眼高手低，不要瞧不起社会上任何一份工作。有些大学生毕业后往往无所事事，靠家里供养，找工作眼高手低。这种错误的择业观对自身的发展是极为不利的，要知道自食其力远胜于无所事事。

一、快速了解并融入新环境

不管过去有过多么辉煌的成绩，踏入新的工作环境时，就要让自己"从零开始"，完成新的业绩。了解工作环境，掌握有关信息，能使我们在职业活动中处于有利位置，进而掌握工作的主动权。这样，我们就不是被动地等待指派和安排，而是主动地去适应工作中的各种要求。了解并融入新环境时应注意以下几个方面：

（一）了解工作单位的基本情况

现今工作单位的性质多种多样，这里以公司为例，介绍大学毕业生应了解的具体情况：

①了解公司的创业、成长过程，初步了解公司的发展方向。

②了解公司的性质，包括公司的资产规模、公司的所有制性质、公司的经营方式等。

③了解公司的现状，如果是生产型公司，还应了解公司的产品结构。

④了解公司的组织结构，包括公司的领导结构、公司实行何种管理模式等。

⑤了解公司的规章制度，包括财务制度、考勤制度、工作纪律、操作规程，甚至差旅费的报销制度等。

⑥了解公司的人事制度以及工资福利待遇等。

（二）了解和体会企业文化

企业文化是文化现象在企业中的体现，是在一定社会历史环境下，企业及其成员在长期生产经营活动中形成的文化观念和文化形式的总和，是企业员工共同的价值取向、经营哲学、行为规范、共同信念和凝聚力的价值观念体系。对于新员工而言，熟悉本企业文化是了解本企业的关键环节。只有了解了企业文化，才能迅速理解企业的精神和宗旨，从而使自己的行为符合公司或企业的总体目标，适应企业发展的步伐。

（三）明确自己的职责

大学生初进单位后在熟悉工作环境、了解企业文化的过程中，还要尽快了解和熟悉自己的工作内容，也就是说要熟悉自己的责任、权利和义务。具体应做到以下几点：

①清楚本岗位的任务和责任。

②明确本岗位处理事务的工作权限。

③明确本岗位处理事务的执行程序，并按程序办事。

④掌握本岗位工作需要的基本技能，包括了解操作工具、操作程序等。

⑤明确自己的主管部门和主管人员，并对其负责。

⑥了解本岗位在整个工作过程中的地位和作用，使自己在工作中有目标地朝着整体协作的方向去努力，避免南辕北辙。

⑦了解企业的发展计划，从而为自己的工作符合新的变化做好准备。

（四）尽快融入团队

刚就业的毕业生，如果能尽快地完成从大学生到工作人员的角色转换，顺利地度过这个转换的适应期，就能得心应手地展开工作。

大学期间同学之间的人际关系更为简单，而社会是个大课堂，有各种各样的人，各种各样的事，如果你的不适应来自新的复杂的人际关系，那也不必过于烦恼，重要的是你要把握住自己，既不要恃才傲物、自视清高，也不必缩手缩脚、羞于见人。在处理同事间的关系上，要尽量做到以诚待人、热情大方、不卑不亢。同等对待每个同事，不要冒失地卷入人事纠纷中去。切忌拉帮结派，应尽力与所有同事发展团结互助的良好关系。

（五）理智面对冷遇

毕业生要想得到社会的认可，仅凭一张大学文凭是远远不够的。部分毕业生走上社会后可能会遭受冷遇。要想从冷遇的困境中挣脱出来，就要学会清醒分析，正确对待。可以通过以下三个途径消除或避免冷遇：

1. 谦虚好学

大学生不应满足于自己在学校里所学的知识。在学校里所学的知识在毕业时约有 70% 已经过时，只有约 30% 还有用。大学生在校学习的都是些理论知识，步入工作岗位后还要将之转化为实践。所以，要虚心地向别人学习，绝不能自以为是，瞧不起别人。

2. 踏实肯干

大学生到了工作岗位后，除了虚心学习以外，还要有实干精神。用人单位录用你，是为了解决工作、生产、科研中的实际问题，不是拿你当"花瓶"。只要能苦干、实干，脚踏实地地干出一番成绩来，领导、同事一定会投以赞许的目光，你的冷遇自然也会消失得无影无踪。

3. 豁达大度

大学生走上工作岗位后，由于经验不足等原因，工作中遇到挫折和冷遇在所难免，虽然有时不一定是自己的原因造成的，但无论如何都一定要沉着冷静，豁达大度，多从自身找原因，认真总结经验教训，只有这样才有利于问题的解决，否则只能使问题复杂化。

（六）正确看待挫折

到了工作岗位，大学毕业生怀着憧憬，想在工作中有一番作为，但现实往往与理想有较大差距。不论从事何种工作，遭受挫折总是在所难免的。如果不能及时调整心态，正视挫折，便容易产生失落、消极情绪。有的人在遭受挫折后，自责心理严重，垂头丧气，郁郁寡欢；有的人受挫后，不从主观找原因，而是把责任推卸给他人，为自己开脱辩解；有的人则将怨气发泄到别人身上，不正确分析原因，总结教训，结果又重蹈覆辙；还有的人遭受挫折后万念俱灰、不能自拔。这些都是十分错误的做法。正确的态度应当是：

1. 采取积极的心理自我防卫，谋求心理平衡

遇到挫折后，可以将内心愤懑的消极情绪转化为奋发图强、力争上进的积极情绪，"化悲痛为力量"，使心理得到升华；可以"重振雄风"，加倍努力工作，去实现目标；也可以改换工作方法另行尝试；还可以从其他方面对自己进行补偿，以期达到"失之东隅，收之桑榆"的效果。此外，解脱挫折感的方法还有很多种，如宣泄法、认识法、理性情绪法、心理咨询等。

2. 正确认识工作的成败

一帆风顺固然可喜，但遇到挫折也不要灰心，也许这一次挫折就是下一次成功的开始。

只要看准目标，扎扎实实，一步一个脚印地走下去，就会成功。到那时，再回头来看走过的路，挫折、失败也许是人生的财富。

3. 勇于面对问题

遭受挫折并不可怕，可怕的是不敢面对现实中的问题。战胜挫折的关键是把自己定位于解决问题而不是问题的一分子。有关专家建议在遭受挫折后，反问自己四个问题：

①问题到底是什么？我足够了解吗？

②问题的原因是什么？

③可能的解决方案有哪些？

④最佳解决方案是什么？

坚持以上四问，并努力去解决它们，就能真正笑到最后。

（七）虚心接受批评

以什么样的态度对待批评，反映了一个人的修养和思想道德水平，也会对其人际关系和工作绩效产生一定的影响。有的人勇于承认自己

的错误，并诚恳地接受批评，总结教训并及时加以改正；有的人受到批评则丧失信心，萎靡不振，甚至自暴自弃；还有的人一听到批评便怒火中烧，使领导和同事对其"敬而远之"，无疑后两种态度是不可取的。对刚刚参加工作的毕业生来说，单位的领导一般不会轻易对你提出批评意见，如果批评了你，大多是因为你的错误比较明显。"有则改之，无则加勉""只要你说得对，我就照你说的办"，应该是对待批评的基本态度。而笑纳批评则是对初入职场的大学生提出的一个更高的要求。对待批评，如何能够微笑面对，虚心接受，正确的方法主要有以下几种：

1. 静静聆听

尽可能地让批评者把意见表达完整，如果听完了还不清楚错误所在，最好再问一句："你能说得更具体一点吗？"以便帮助你找到受批评的原因，分析其批评是否有道理。

2. 坦然接受

如果是自己错了，勇敢地说一声："是我错了，谢谢你的批评，我接受你的意见，今后注意改正。"这是最好的办法。

3. 推迟作答

如果批评者自恃有理，态度蛮横，不妨说一声："你让我再想一想，明天再谈好吗？"这样可以控制自己的情感，以免引起冲突。

4. 婉言解释

如果批评者对事实原委了解得不够，批评没有道理或纯属误会，你可以进行解释，以便让对方了解事实真相。如"你误会了，事情是这样的……"语言委婉一些，语气平和一些，对沟通有好处。

（八）积极消除隔阂

每个人在日常与人交往中都可能同他人产生隔阂。人与人之间产生隔阂的原因是多种多样的。隔阂产生的原因不同，消除隔阂的方法也应有所不同。概括地说，产生隔阂的原因主要有三种：一是由于交往双方不愿或很少暴露真实的自我，从而使双方对彼此交往的诚意产生怀疑而造成隔阂；二是交往双方因在某件事上产生误会而造成隔阂；三是因一方损害了另一方的利益，或伤害了对方的人格、感情，从而产生隔阂。

当你与他人有隔阂的时候，应冷静分析，找出原因，然后对症下药。

如果是因为双方互相缺乏了解而产生的隔阂，就应该坦诚相处，以真心换真心。在人与人交往的过程中，我们应该相信好人占大多数。只要我们与人真诚相处，经常交流思想感情，就一定能消除因缺乏了解而引起的隔阂。

如果是双方误会造成的隔阂，你就应该宽容大度地进行善意的解释，以消除误会。由于每个人的性格脾气、文化修养、价值观念等存在一定的差异，其观察问题、认识问题、处理问题的方法也各不相同，因此，在交际过程中出现一些误会是情有可原的。如果你误会了别人，就要耐心听取别人的解释，以消除误会，当真相大白之后，双方的隔阂自会烟消云散。

如果是因为自己不慎伤害了对方而产生了隔阂，要向对方诚恳道歉，请求原谅。每个人都有人格尊严和自身利益，不容他人损害。在与人交往的过程中，如果你伤害或损害了对方的人格和利益，将会引起对方的不满，甚至出现矛盾冲突。这种情况如不及时正确地处理，两人轻则产生隔阂，重则产生积怨。出现这种情况，不管责任是否完全在你，也不论你是有意还是无意，你都应该真心实意地向受害人道歉，以求谅解。"精诚所至，金石为开"，只要你表现出足够的诚意和耐心，定会化干戈为玉帛，消除隔阂。

（九）努力钻研业务

对于涉世不深、经验不足的毕业生来说，工作中出现某些差错和失误是情有可原的。但在实际工作中还是应该尽可能地避免差错，或将损失减少到最低限度。要避免工作中出现差错和失误：首先，要在职业岗位上钻研业务，履行职责，认真完成任务。学历、知识不等于能力，只有把知识应用于实践，它才有可能转化为能力，理论知识和业务实践不断地结合才会尽快地提高你的业务能力。其次，要加强薄弱环节。正如每个人都有自己的优点和长处一样，每个人也都有自己的缺点和不足。而缺点和不足往往是造成工作失误的主要根源。因此，在具体的工作中要注意弥补自己的不足。最后，还要注意培养良好的职业品德，树立正确的职业理想和职业价值观，具有忠于职守、敬业乐业、献身事业的精神，坚持严肃认真、实事求是的劳动态度，保持一丝不苟、精益求精的工作作风，尊重他人，团结协作，牢记为人民服务的宗旨。这些品德不仅是做好工作、为自己开拓未来道路的需要，而且是处理好各种人际关系的必要条件，是取得群众认可和领导赏识的基本依据。

二、建立良好的人际关系

人际关系，是人与人之间的关系，是以一定的群体为背景，在交往的基础上，经过认识的调节、感情的体验、互动的行为等手段而形成的，是人们长期交往的结果。人际关系既可以表现为个体与个体之间、个体与团体之间的交往，也可表现为团体与团体之间的交往。人际关系是社会关系的重要组成部分，它反映了人们在交往基础上形成的相互认知、相互好恶、相互亲疏的心理距离。

（一）建立良好的人际关系的意义

一个刚刚走上工作岗位的大学生，建立和谐的人际关系的意义表现在以下几个方面：

1. 可以尽快消除陌生感，适应人际环境

大学生到工作单位后，生活和工作环境往往发生了变化，对新的环境比较陌生。如果大学生一开始就注重建立良好的人际关系，主动与人交往，热情待人，豁达做事，尽快与大家融为一体，便可顺利打开局面，消除陌生感，摆脱孤独的笼罩，顺利度过适应期。

2. 可以使工作顺心，生活愉快

良好的人际关系，可以使人感到工作顺心、生活惬意，还可以使人提高工作效率，使人觉得生活在文明的群体里，感受到集体的温暖和他人的热情，使人不断地从集体中汲取营养，充实自己，健康成长。

3. 可以保持心情舒畅，心理健康

人际关系的适应是人心理适应的重要组成部分。一些大学生踏入职场后感到工作不顺心，其中一个原因就是人际关系紧张，与同事矛盾重重，思想包袱沉重。良好的人际关系可以消除隔阂，使大家处于一种互相理解、互相尊重、平等友好的关系之中。苦闷的时候，可以宣泄一下情绪而不必顾虑；愁苦的时候，可以诉说一下衷肠而不必提防，从而得以保持心情舒畅、身心健康。

4.可以促进团结，有利集体

良好的人际关系是团结的基础。人际关系状况反映一个单位的精神文明状况，人际关系好，这个单位就能团结，同事及上下级之间会齐心协力，工作高效而愉快；反之，人际关系紧张，必然内耗严重、涣散无力、缺乏生气。良好的人际关系，离不开每个人的奉献和努力，只有每个成员都为集体添砖加瓦，才会形成良好的人际关系氛围，这样也利于团结，利于工作。

（二）如何建立和谐的人际关系

大学生到新单位，横向的人际关系主要是与同事之间的关系，纵向的人际关系主要是与领导之间的上下级关系。处理好同事及上下级之间的人际关系可从以下几个方面入手：

1.尊重他人，不自恃清高

到了新单位，应该把同事视为自己的老师，因为他们都可能掌握了丰富的工作经验、娴熟的业务技能。要像尊重老师那样尊重他们，尊重他们的劳动和劳动成果，尊重他们的人格和感情，虚心向他们求教，不自恃清高、妄自尊大。对他人的尊重，不要以其财富的多少、年龄的大小、分工的不同来衡量，而要以劳动和对社会的贡献为标准。尽管人们分工不同，贡献有大小，但在人格上都是平等的。因此，不要嘲笑歧视他人，不能以己之长比他人之短，应该谦虚待人。如果自满而轻视人，就会损伤他人的自尊心，造成人际关系的疏远。在互相交往中既要尊重他人，也要尊重自己，自尊自重，才能在尊重他人的同时也得到他人的尊重。总之，不摆架子，乐于和他人打成一片则更容易建立和谐的人际关系。

2. 平等待人，不厚此薄彼

在自己的工作单位，对待所有同事应平等。不要以职务的高低、工资的多少来决定对其的态度；不要亲近一部分人，疏远另一部分人；不要因为某人对自己有用就去套近乎，某人暂时没用就疏远不理；不要见了领导就点头哈腰、满脸堆笑，见到他人就视而不见、冷若冰霜；不要卷入是非矛盾中，拉帮结派、搞小团体，应该尽力与所有同事发展平等互助的友好关系。

3. 热心助人，勿见利忘义

患难见真情，同事间的相互帮助，不仅可以锦上添花，还可以雪中送炭。当别人有困难时，应伸出热情的双手给予帮助，不能袖手旁观、坐视不管，更不能落井下石、见利忘义。要淡泊名利，不要为蝇头小利做有损人格的事。只有热心帮助他人的人才会得到别人的帮助，也只有热心助人的人才会得到人们的认可和赞扬，才会在无形中使别人对自己产生良好的印象。

4. 诚实守信，不贪图虚名

诚实，就是真心实意、实事求是，不口是心非，不当面一套、背后一套。诚实是做人的基本要求，也是建立良好人际关系的重要条件。守信就是恪守信用、言行一致、说到做到，不言过其实、华而不实。做人只有诚实守信，才能在与人交往时肝胆相照、互相信任。

5. 主动随和，不孤陋寡闻

谦虚随和、平易近人的人会给人一种较亲近的感觉，大家会乐意同其交往，觉得彼此之间愉快舒畅。切忌孤陋寡闻而又自命不凡。古语道："独学而无友，则孤陋而寡闻。"大学生到了新工作单位后，应主动与人交往，同大家打成一片。只有主动与人交往，才能学到各种知识，找出自己的不足，体会到别人身上值得学习的东西，才能扩大自己的视野、增长见识，不断提高自身素质和水平。

6. 宽以待人，严于律己

宽以待人，就是要与人为善，宽容大度，不斤斤计较、苛求他人，多一些理解。

理解是建立感情的桥梁，是培植友谊的土壤。同事做错了事或有一些缺点，要善意地指出或给一些安慰，要多一些关心，少一些指责。严于律己，就是要严格要求自己，以各种道德规范和行为准则来约束自己，不利于团结的话不说，不利于团结的事不做，不挑拨是非、猜疑嫉妒，堂堂正正做人，踏踏实实干事。当自己受到委屈或误解时，要胸怀大度，冷静处理，勇于剖析自己，主动担负责任。"金无足赤，人无完人"，只要我们始终以平等、诚实、宽厚的态度待人，就一定能建立和谐的人际关系。

7. 服从领导，不无理抗上

一个单位、一个组织的工作运行都是通过下级对上级的服从来完成的。下级对上级的无理拒绝，将使运行机制遭到破坏，工作无法进行。当然，上级是人不是神，也有很多不足。我们要正确面对上级的指挥，对分配给自己的工作，能完成的，要勇挑重担；难以完成的，最好单独找到上级陈述理由，不要当众拒绝上级命令，要维护上级的权威。要善于向上级学习，在工作上和他们保持密切联系，尽快熟悉自己的工作，并力求得到他们的支持和帮助。

三、大学毕业生走上工作岗位前的准备

（一）心理和态度准备

放低身份，从学徒做起。许多大学生在家是独生子女，在学校是优秀学生，自我感觉良好，习惯了以自我为中心。但是，由于没有社会阅历和工作经验，到一个新岗位后，往往需要很长的时间才能调整好心理。如果大学生在就业前，清楚自己的知识技能并不足以马上胜任一项工作，能够放低身段，从小事做起，从学徒做起，就会少许多挫折感。

（二）技能准备

英语和计算机技能必不可少。一般情况下，公司对这些技能的要求都是必不可少的，所以在正式工作前如果有机会实习，就要尽快掌握这些基本技能。无论什么岗位，英语听、说、读、写能力越好，获得好的职位和晋升的机会就越大；在公司里，计算机的使用是必不可少的，一般的 WORD 文档编写、PPT 编辑、EXCEL 表格制作是最基本的要求。有些大学生在暑假会主动去找公司实习，通过实习了解专业知识和技能在实际工作中应用的情况，以及时弥补自身的不足，为进入职场做好充足的准备。

（三）工作方法准备

虚心请教，及时反馈，科学安排时间，不断总结。大学生对公司来说，就是一张白纸，所以无论在什么岗位，首先要清楚自己是来学习的，凡事不能自以为是，一定要问清楚后再去做，以免走弯路。一定要及时向上级反馈，让上级知道你的工作进度和完成情况。因为你用的方法可能不是最好、最快的方法，上级的经验阅历比你丰富很多，会及时帮助你修正方向。

许多大学生不知道如何科学管理自己的时间，导致许多工作不能在规定的时间内完成，甚至有些工作多年的人也有这个通病。一些管理规范的公司会要求员工每周、每月、每季度、每半年或一年都要写工作计划、完成情况总结，以帮助员工科学把握时间，提高工作效率。

应该每天都做总结，这样能很清楚地知道一天下来，自己做了些什么，学到些什么，哪些做得好，哪些做错了，哪些可以做得更好。"不积跬步，无以至千里"，说的就是这个道理。

（四）身体准备

有了健康的身体，才能更好地工作。许多大学生养成了不好的生活习惯，如抽烟。现在大部分公司对办公室环境都有明确要求，不允许吸烟，而且吸烟也会影响身体健康。大学生工作后还要休息好，如果休息不好，第二天就会影响工作。另外，因为一般情况下办公室在使用空调时会关闭门窗，空气不流通，因此只要有一个员工感冒，许多人都会被传染，所以加强锻炼、增强体质也是非常重要的。

（五）理财准备

许多刚工作的大学生不会理财，成了"月光族"，还要找父母领取生活费用。建议大学生在拿到自己赚到的工资后制定理财计划，无论收入多少，都把钱分成三份：

第一份是生活必需开支，如房租、水电费用、交通费用、日常生活费用，这些费用最好占总费用的三分之一到二分之一。节省费用是有很多窍门的，如住公司宿舍，或与朋友合租，这样与自己租单身公寓相比要省不少钱；自己买菜做饭比吃快餐省钱；等等。

第二份是"充电"费用。现在的工作对人的要求越来越高，大学学到的东西往往不能适应时代要求，而专业知识技能的提升又非常重要，所以要准备一笔钱，在适当的时候去进修以提高自己的竞争力。

第三份是应急和储备的钱。如自己或亲友生病，或因其他原因急需用钱时，应准备应急资金。

（六）为人处世准备

孔子在"自省、克己、忠恕、慎独、中庸、力行"六个方面也给后人留下了深刻的教诲和警醒。大学生学会为人处世是非常重要的。学会与同事相处与合作，才能把事情做得更好。

四、打造核心竞争力

一个人的核心竞争力主要包括：深刻明白自己未来的竞争力在哪里，清楚地认识到自己的优势和劣势，突破过去的盲点和障碍，端正态度，明确人生的追求，提升个人的核心竞争力，增强自己在社会上生存与发展的能力等。提升自我的核心竞争力主要体现在以下几个方面：

（一）提升解决问题时的逆向思维能力

当你面对工作中的新问题，一时又找不到解决方法时，学会用逆向思维去探索解决问题的途径。应该清楚，具体业务执行者比领导更容易找出问题的节点，比如该问题是人为的还是客观的，是技术问题还是管理漏洞。采用逆向思维找寻问题的解决方法，会更容易分析问题。

（二）提升考虑问题时的换位思考能力

要学会站在公司或领导的立场上去考虑解决问题的方法。作为公司领导，解决问题首先考虑的是如何避免类似问题的重复出现，而不是制定"头痛医头、脚痛医脚"的就事论事的方案。面对人的惰性和部门之间的争斗，只有站在公司的角度去考虑解决方案，才会有一个比较彻底的解决办法。

（三）提升强于他人的总结能力

如果你对问题的分析、归纳、总结能力比常人强，那么你在工作中便总能找出规律性的东西，从而达到事半功倍的效果。人们常说苦干不如巧干，但是如何巧干，不是人人都知道的。做同样的工作，有的人一天忙到晚都做不完，而你因为有了比别人更好的工作方法，不仅工作效率高，而且还不累。

（四）提升简洁的文书编写能力

领导通常都没时间阅读冗长的文书，因此，学会编写简洁的文字报告和赏心悦目的表格就显得尤为重要。即便是复杂的问题，你也要学会将其浓缩在一页纸上。对那些有必要详细说明的问题，可以用附件形式附在报告或表格后面。尽量让领导仅仅通过浏览一页纸或一张表格便可知道事情的概况。如果领导对此事感兴趣或认为其很重要，便可以通过阅读附件资料来了解详情。

（五）提升信息资料的收集能力

你要逐渐提升信息资料的收集能力，包括各种政策、报告、计划、方案、统计报表、业务流程、管理制度、考核方法等，尤其应重视竞争对手的信息，因为成熟的业务流程本身就是很多经验和教训的积累。这种能力在任何教科书上都无法学到，也不是哪个老师能够传授的。

（六）提升解决问题的方案制定能力

遇到问题，你要学会不让领导做"问答题"，而是做"选择题"。常人遇到问题，首先是向领导汇报，请示解决办法；接着听领导告知具体的操作步骤，这就是让领导做"问答题"。而你如果带着自己拟订好的多个解决问题的方案供领导选择的话，就是给领导出"选择题"，显然领导更喜欢做"选择题"。

（七）提升目标调整能力

当个人目标在一个组织里无法实现，且又暂时不能摆脱这一环境时，你应该学会调整短期目标，并且将该目标与公司的发展目标有机地结合起来。这样，大家的观点接近，容易取得一致，才会有更多的共同语言，工作起来才会愉快。

（八）提升超强的自我安慰能力

遇到失败、挫折和打击，你要能做到自我安慰和解脱，要学会迅速总结经验教训，而且坚信情况会好转。相信上帝在为你关上一扇门的同时，也一定会为你打开一扇窗。

（九）提升书面沟通的能力

当你发现与领导面对面的沟通效果不佳时，应学会采用迂回的办法，如电子邮件或书面信函、报告等方式与其进行沟通。因为书面沟通有时可以达到面对面沟通所无法达到的效果，可以较为全面地阐述想要表达的观点、建议和方法，达到让领导听你把话讲完的目的，而不是在面谈时被领导打断思路。

（十）提升企业文化的适应能力

如果你对任何一个组织的企业文化都有着很强的适应能力，那么换个新企业对你而言只是换了个办公地点，你工作起来照样可以如鱼得水。

（十一）提升岗位变化的承受能力

竞争的加剧，经营风险的加大，导致企业随时可能失败。对你来说，如果岗位的变化，甚至"饭碗"的丢失都无所畏惧，那么，你承受岗位变化的能力就是常人所无法比拟的。提升岗位变化的承受能力不仅是个人发展的问题，更是一种生存能力。

五、新的工作岗位中应注意的事项

大学生刚参加工作，会进入与学校完全不同的环境。总结近些年大学生所遇到的问题与困境，我们认为应该注意以下事项：

（一）积极主动

毕业前夕，大学生可以充分利用高校得天独厚的信息资源优势，针对自己将来所从事行业的性质和工作方向，收集和整理与工作内容相关的资料，关注这一领域国内外的发展水平和发展趋势。未雨绸缪，对工作有尽可能细致的了解，有利于更快地融入工作中。

一旦到了工作单位，就要处处把自己当职场人看待，努力学习实践知识，寻找、创造锻炼业务能力的机会。上班伊始，领导可能不会给你安排过多的工作，这时千万不要呆坐不动，要尽量使自己忙碌起来，可以翻阅一些与工作有关的文件资料，或主动请教一些工作问题，要做到"眼勤、手勤、腿勤"，坚持做到"多想、多问、多做、少说"。可以利用办公以外的时间多做一些服务性的劳动，如烧开水、打扫卫生、整理内务等。

完成领导交办的第一个工作任务对自己意义重大，因为这是领导观察你的工作态度、工作能力及合作精神的重要窗口，也是使自己的事业有个良好开端的契机。所以，第一个任务的完成要多花心思，要注意以下方面：

1.明确工作的目标和要达到的效果

要仔细聆听领导指示，并领会其意图。没有听懂一定要虚心请教，直到弄清为止。了解完成工作任务所需要的条件并尽可能地创造条件，尽可能了解工作对象的情况和特点，多设想几种实施方案和对策。

2. 做好充分的准备工作

拟订工作计划后，就要踏踏实实、一步一个脚印地去实施。当遇到困难和难以解决的问题时，要虚心向其他人请教。作为刚上阵的新兵，求助于人，不会使你难堪，反而会让别人看到你的谦虚好学的一面。当遇到挫折时，不能乱了方寸，慌了手脚。"吃一堑，长一智"，先冷静下来，分析原因，再想对策，争取掌握主动权，取得最后成功。胜不骄，败不馁。成功时，切忌被胜利冲昏了头脑；失败时，也不要沮丧灰心，而应总结经验，发愤图强。

3. 写总结报告

任务完成后，即使领导没有要求，写一份总结报告也是很有必要的。如果你圆满地完成了任务，此举会扩大"战果"，不仅可以使领导和同事们了解到了你的工作成绩，也可以使自身得到提高。如果任务完成得不好，总结就更为重要了。通过总结，既可以使大家了解到你是一个善于反省的人，还可以找出失败的原因，吸取教训，在以后的工作中少走弯路。

（二）诚信踏实

守时守信，主动工作，遵守时间，讲求信用，这既是人际交往中的一种美德，又是工作关系中的纪律要求。初到工作岗位，严格遵守单位的规章制度，积极主动地做好力所能及的工作，与人交往不失约、不失信。同时，还要做到严守秘密，真诚待人。现代企业的信息竞争很激烈，要做到对外严守本单位的秘密，对内真诚地对待本单位的同事。

要诚信踏实，还要做到爱岗敬业，服从安排。工作中要努力，谦虚为怀，少攀比，少计较个人利益得失。理解公司的安排，遵守公司的政策规定，服从调遣，摆好自己的位置。曾有用人单位这样说："一些毕业生身上有两大致命弱点：一是怕吃苦，二是缺乏实践。工厂是从实践中出效益的，但有些毕业生既缺乏实践，又怕苦怕累，不愿深入实际，大事做不了，小事不愿做，自命清高，期望值过高，这是不可能取得成就的。"不怕苦、不怕累、踏实肯干、不挑不选的大学生最受用人单位的欢迎。

（三）不斤斤计较

大学毕业生到新单位，要敬岗爱业，立足本职，不要"这山望着那山高"，总是羡慕别人的工资比自己高，别的单位的待遇比自己的好，别的部门和职位比自己的有前途，不断地追求更好条件、更高待遇、更有前途的工作，把当前所在的单位和职位当成跳板。其实，任何用人单位都绝对不会重用将单位当成跳板的人。至于工作待遇，是对能力的奖励，越有能力的人所享受的待遇越好，而能力需要安下心踏实学习不断积累形成，急功近利、趋炎附势的心态是没办法锻炼能力的。因此，刚毕业的大学生，不要过于功利、急躁，最好在本职岗位上踏实学习，积累经验，锻炼能力，积聚人脉，树立专业形象，这样才会有功成名就的一天。不安于本分，把时间和精力都放在寻找待遇更高、前途更好的工作上，既得不到现单位的认可，又找不到更好的单位，寻寻觅觅，忙忙碌碌，到头来就会是"竹篮打水一场空"，枉费时间和精力。

（四）不损公肥私

工作要讲职业道德，在工作中要注意：

①不把单位的一些东西据为己有。

②不利用职务之便牟取私利。

③不占用办公电话说私人的事情。

④不结党营私，搞小团体、小圈子。

⑤不打击报复，不拉帮结派。

⑥不收受贿赂，不贪赃枉法。

这些不讲职业道德的行为，轻则让你受到同事的鄙视、领导的讨厌或者单位规章制度的惩罚，重则会被追究法律责任。所以，大学生就业伊始，就要树立正确的职业道德观，遵纪守法，遵守单位的规章制度，爱护国家和单位的财产，不做损害国家和集体的事，不为自己的私利破坏国家和单位利益，不利用职务便利捞取好处，做一个有才华、有品德、有前途的人。

（五）不找借口

大学生刚参加工作，不适应工作、工作中出点儿差错是难免的，但千万不要把不适应、不熟悉当借口，要从自身主观方面找原因。不适应业务工作就要学习，不适应人际关系就要改善，不适应生活习惯和节奏就要克服，不适应紧张压力就要锻炼，不熟悉业务流程就要尽快熟悉和掌握。只有这样，你才可能把自己锻炼成为一个有发展前途的人。如果抱有逃避工作的心态，任何机会都会从眼前溜走，不仅锻炼不了自己，久而久之，同事、领导也会觉得你工作不积极、懒惰、没有责任心、没有追求，慢慢地就会当你不存在，不再给你任何机会了。

（六）不抱怨

一些大学毕业生心高气傲，在工作中常常抱怨，如待遇不够优厚、没有体现个人价值、工作条件太差、加班加点、福利太少、身边同事文化素质低、领导发现不了自己的真才实学和鸿鹄之志等。其实，一个真正有远大志向的年轻人是不会挑剔工作的，也不会提过高的要求。即使所分配的工作自己难以胜任或兴趣不浓也会先接受，力争干好。对于生活、工作条件，也不会提过高的要求或计较一时的得失。要树立主人翁意识，把单位当成自己的家。同时积极参加单位组织的各项活动，充分展现自己的才能和特长，不断加深领导和同事对自己的印象。即使自己缺乏特长，也要向领导或组织者说明情况，并表现出愿意积极参与的态度。

第三节　职业生涯的危机管理

职业生涯的危机管理就是对职业生涯中的各种危机进行识别、预防、控制与管理，以规避职业生涯危机，使组织或个人在危机中得以生存下来，将危机所造成的损害限制在最低程度，并且总结经验教训，从危机中获得成功发展的机会。

金融风暴、经济危机等强烈地冲击着我们的职业生涯，各种危机此起彼伏，职业、家庭和自我之间的关系往往难以平衡。不同的危机处理方式会带来截然不同的结果，只有采取有力措施加以应对，方能走出困境，实现自己的职业目标；反之，则会带来巨大损害，甚至是灭顶之灾。

本节将从五个方面重点阐述如何在主观上和客观上对职业生涯危机做好足够的准备、预防和控制，早做规划，及时处理，冷静应对，以求在危机面前化险为夷。

一、定位危机管理

（一）定位的法则

定位危机多发生在刚从学校毕业时，其出现的最大原因是"不知如何进行自我定位"。因此，把握正确的定位法则尤其重要。

做好准确的定位需要坚持一个法则，那就是"适合法则"。职业选择需要的是"最适合自己的"。在选择职业时，个人与职业越匹配，人们就越容易适应新职业，就业后的工作生活质量也就越高。这就要考虑自己的兴趣、个性与能力是否与职业要求相匹配。如果不匹配，步入职场后，很快便会出现个人特征与职业要求的冲突，不能较好地适应新的工作。因此，我们择业时应寻找"最适合"的工作，而不必强求别人眼中"最好"的工作。

任何"平台期"的感受都会对自己的职业发展和职业生活质量产生不利影响。如果陷入这种苦闷，不妨重新认识自己。这包括：了解自己职业兴趣的现状和可能发生的变化，弄清自己喜欢做什么；了解自身职业人格，弄清自己适合做什么；在了解自己的专业特点、特长、爱好、兴趣的基础上，还要了解自己对工作的角色兴趣。

对工作的角色兴趣一般分四个方面：

第一，对人的兴趣，即以人为工作对象的工作，如教师、律师、社会学家等；

第二，对物的兴趣，即以具体物为对象的工作，如工程师、房地产评估师等；

第三，对数值的兴趣，即处理具体数据和资料的工作，如会计师、软件编程员等；

第四，对抽象概念的兴趣，即考虑抽象概念的工作，如艺术家、文艺评论家等。

在确定了自己对工作的角色兴趣后，可以根据不同职业的素质差异，确定自己的职业发展方向，找到合适的定位。

（二）定位危机的管理

在职业生涯发展的漫长道路上，无论是正在寻找工作的人，还是已经在工作的人，都有无法给自己的职业做出定位的困惑，都可能遭遇定位危机。那么如何才能给自己的职业做出较准确的定位呢？

第一，能力摸底。组织用人要讲学历，但学历之外，更重能力。如果能力不够，即使你有很高的学历，也不会有组织愿意接纳。因此，我们要想找到一个适合自己的职业发展空间，第一步就应该清楚地把握自己的能力所在，以做到有的放矢。

第二，个性评定。评定个性最科学的手段当属心理学界的各项个性测验量表。目前比较常用的主要有卡特尔 16 种人格因素测验量表、明尼苏达多项人格测验量表、罗夏墨迹测验等。这些量表可以从不同角度对一个人的个性做出全面的评定。另外，还可以通过回忆自己工作、学习、生活的情况，来分析自己最容易与哪些人相处、最难与哪些人相处，找出自己在工作中最常表现出的优势和劣势等。

第三，职业聚焦。当你对自己的能力和个性有了清楚的了解以后，就可以综合考量以上两个标准，着手确认你最能发挥才能、表现个性的职业。

第四，设计方案。针对你向往的每一种职业设计一套可行性工作方案，方案中要定出工作目标和希望的职位，描述做好这份工作所需要的人际环境，写出工作的具体程序（越具体，则可操作性越好），以及你对本行业发展前景的设想。方案做出后，可以拿给相应行业的朋友阅读。那份反应最佳的方案所针对的工作，将是你最适合的工作。

二、方向危机管理

（一）方向危机的产生

人在职场，40岁左右会出现职业生涯的一次危机，即继续前进的"方向危机"。方向危机主要表现为工作业绩平平且很难再有起色，往往会为前进方向不明而感到困惑，于是便产生了所谓中年改行、转业等种种问题。

在信息时代，伴随着组织构架的扁平化和中层岗位的减少，以及新生力量的冲击，使得40岁以上的普通员工在职位提升与再就业方面的机会减少。即使你的职位牢固、薪水丰厚，也会伴随巨大的责任和风险，任何一项决策或者原则性的失误都会使你付出巨大的代价，甚至导致你失去重要的工作岗位。这就出现了职业发展方向的问题。

（二）方向危机的管理

在处理方向危机时，需要从以下三个方面进行调适：

（1）调整心态。好的心态是做好任何工作的力量源泉，必须保持清醒的头脑和十足的干劲儿，在工作中学习新事物、适应新情况，主动发挥经验优势，不能倚老卖老。

（2）扬长避短。要分析自己的优势和劣势。自己多年的知识结构和经验积累是最大的财富和基础，而自己的性格特点和专业特长是进行第二次职业设计的主要考虑因素。

（3）确定自己需要的是什么。人在不同的阶段都会有不同的目标和需求，在感到迷茫时，要冷静分析目前的工作能提供的因素与这个阶段实际的需要是否符合，两者之间的矛盾是否是造成迷茫的原因。在鱼与熊掌不可兼得的阶段，一定要学会有所取舍，抓住最重要、最想要的，暂时放弃不能兼得的东西。

三、发展危机管理

（一）发展危机的含义

发展危机，指的是个体人格发展的每一个阶段所遇到的特殊挑战，它是由美国著名精神病学家、发展心理学家和精神分析学家爱利克·埃里克森提出的。他把心理的发展划分为八个阶段，指出每一阶段的特殊社会心理任务，并认为每一阶段都有一个特殊矛盾，矛盾的顺利解决是人格健康发展的前提。

在职业生涯领域，发展危机指的是人们进入职场几年后，对职场有了一定的了解，工作经验丰富，对所处行业有了深入了解，也明确知道自己更适合的职位，需要寻求新的发展而面临的危机。

产生发展危机的阶段一般是中年。此时职业生涯角色明显增多，工作压力和生活压力增大，基础岗位难以满足生活上的开支，职位和薪资需要再上一个台阶。是在当前的公司更上一层楼，还是跳槽去更好的公司发展？这个问题需要人们考虑清楚。

（二）发展危机的管理

任何事情的发展都存在很多意外的非人为因素，尤其是职场中的各种利益关系，为事业发展设置了很多迷雾和障碍。如同天上掉馅饼的大好机会，为什么会落在你头上？你有没有感觉到可能出现的危机？面对选择的时候稍有不慎，就会使你苦心经营许久的工作成绩归零。在进行发展危机管理时，需要注意以下两种陷阱：

（1）加薪。面对加薪的大好机会谁能不动心？高薪不仅是生活质量的重要保障，而且是一个人事业成功与否的衡量标准。当上司承诺给你加薪时，是对你以往工作成绩的一种奖励，还是要交付给你难度更大的任务？如果上司要交付给你一个新任务，但与你以往的工作经历毫不相通，和你的专业技能不挂钩，甚至对你来说是一片空白领域，这时你就应该考虑到加薪是不是陷阱。

一个人的职业发展具有螺旋上升性，最讲究连续。如果职业生涯出现断层，或者一个发展良好的职业道路突然掉转行进方向，对于任何职业发展来说都是一种倒退。所以，在发展面前，一定要认清个人优势，确定职业方向。如果接受了一个全新的任务，一切从零开始，很可能会感到压力沉重，工作经验无法发挥，人际关系无法调动。迷失了职业发展方向，就会使职业生涯断断续续。

（2）晋升。晋升的机会虽然难得，但要看是否在职业生涯中起到了关键性的作用。如果你所在的行业没有发展前途，公司就没有发展前途，你作为这个公司的雇员也就没有发展前途。即使给你很高的职位，你的职业发展前途仍然不见得光明，所以，不如选择前景好的行业和公司，哪怕从很低的位置做起。

即使公司正在正常运作，甚至发展良好，而你因工作成绩被晋升，你仍然应该把眼光放长远一些，预见一下公司未来的前景，会不会遭受被行业淘汰的厄运，进而波及自己。行业发展趋势以及公司前景对你的职业生涯有着深远的影响，千万不要被晋升冲昏头脑。如果你的行业处于衰落趋势，进行行业转换不失为一个好的选择。

四、健康危机管理

健康是人的基本权利，是人生的第一财富，是指一个人在身体、精神和社会等方面都处于良好的状态。它主要包括两个方面的内容：一是主要内脏器官无疾病，身体形态发育良好，体形匀称，人体各系统具有良好的生理功能，有较强的身体活动能力和劳动能力，这是对健康最基本的要求；二是对疾病的抵抗能力较强，能够适应环境变化，抵抗各种生理刺激以及致病因素对身体的负面影响。

传统的健康观是"无病即健康"，现代人的健康观是整体健康。世界卫生组织提出"健康不仅是躯体没有疾病，还要具备心理健康、社会适应良好和有道德"。因此，现代人的健康内容包括躯体健康、心理健康、社会健康、智力健康、道德健康、环境健康等。

现代人的健康危机表现在身心上不适应的感觉所反映出来的种种症状，如疲劳、虚弱、情绪改变等。

在健康危机的管理方面，可以参考伦敦大学朱尔斯·戈达德教授的一条建议，即回归人性。对身体进行健康管理并及时纠偏，是建立良好生活方式的第一步。忙碌的职场人可以尝试以下六点措施，以保持身体健康。

（1）睡觉前1小时，避免玩电子产品，降低兴奋状态。

（2）保持良好的睡眠环境，如调暗房间光线等。黑暗的睡眠环境，可以帮助人体分泌褪黑素，使人更快入睡。

（3）戒掉饮用过量咖啡的习惯，咖啡因会改变大脑中的激素水平，使入睡所需的时间更长，并且使睡眠量减少。

（4）保持相同的睡眠周期。每天尽量在同样的时间入睡，让身体养成习惯，久而久之，身体记忆会告诉我们——是时候休息了。

（5）午睡，哪怕 10 分钟也好。

（6）健康饮食，少吃高盐、高油的食物。

除了身体健康外，心理健康也十分重要。

戈达德教授与许多职业生涯中期的高级管理人员有过广泛的合作，其中不少人对自己的职业感到焦虑或明显的恐惧。戈达德教授指出，45 岁往往是人类幸福感的低谷，是危机频发的阶段。对于面临严重危机的人，无论处于何种年龄，都应该转变思想，脱离原来的位置，离开舒适圈，到不常去的地方逛逛，突破那些时常拖累你的习惯，就算是在厨房里干一天活儿也会大有裨益。让自己置身于更广阔的环境中，从而重新发现自己的个性，并知道如何让自己与众不同。

此外，职场人需要克服焦虑、享受当下。有些职业成就其实来自人生中那些可以被归为失败的事件，这些经历教会人们如何正确看待那些曾经不愉快的事情。

五、失业危机管理

职业生涯中充满了各种不确定的因素，只有一点可以确定，那就是总有一天我们会遇到危机。我们可能被裁员，可能被开除，可能错过升职加薪，可能工作进度停滞不前，可能被迫退休。危机是整个职业生涯中都可能存在的正常的部分，关键在于如何应对它。

做好失业危机管理，需要做到以下五步：

（一）清晰客观地认识问题

应对失业危机的第一步，就是清晰、客观地认识问题：该危机是否是不可避免的事件？是认知上的问题还是业绩上的问题？如果的确是由不可抗力造成的不可避免的事件，如公司被收购了，那就勇敢面对，体面地与过去告别，尽快回归职场，向着前方再次出发。

（二）化解他人对你的错误认识

职场有时存在这样的情况：也许领导并不知道你所有的技能或过去的重大贡献，也许公司并不知道你渴望得到新的或更高的职位，于是在有升职机会的时候没有考虑你。不要怪领导或公司没有看见你的才能，应该将这件事当成一个契机，以此来证明自己真正的价值。找出认知偏差，让别人清楚地认识到真正的你要比他们认为的优秀。

（三）直面可能存在的不足之处

如果客观分析后，发现自己的实际技能和业绩确实落于人后，那么就需要直面自身的问题。要认清你所在岗位正常的技能和业绩应该达到何种程度，然后朝着这个方向努力，不能逃避问题，要积攒力量，让自己有资格赢得下一次升职或加薪的机会。

（四）预见和规避危机

有的职业危机是可以预见并规避的，如果想得远一点，并时刻关注公司的发展状况、行业的走向和自己的业绩变化，就可以避免遭到"突然袭击"。如果你所处的行业、公司已经在走下坡路，那么就需要主动采取行动，准备好备用方案。所以，平时就要注重培养一些能让自己对风险免疫的技能和关系，在当前的环境之外留一些可选之路。

（五）找到从逆境当中快速恢复的方法

遭遇职业危机时不妨使用"四个重新"迅速回归正轨：

第一，重新组织经验，让它与未来而不是与过去密切关联；

第二，重新包装老旧、过时或自己有所欠缺的技能，为自己在新的职业环境中增加动力；

第三，重新连接职业生态系统，与专家、关键同事和支持者建立新的关系来推动自己前进；

第四，重新建立自信，多与那些支持你、理解你的人交谈，发现自己的长处以及在过去这些年里完成的特殊贡献。

第四章 大学生就业准备指导

第一节 思想准备

所谓思想准备，就是在求职择业之前，树立正确的就业观，在正确就业观的指导下，合理择业。思想准备是精神层面上的准备，思想准备的效果将影响毕业生的择业倾向及择业过程中知识与能力的展示等。思想准备是大学生求职择业准备工作的首要部分。

一、就业思想误区

目前，一些人在择业时，常常存在以下几个方面的思想误区：

一是主次不分。部分毕业生以选择一个"好地方"为目的，择业以地域为主而非以事业为主。二是定位不准。不少人对自己的期望值偏高，只要是不符合自己原先划定条件的单位则一概不考虑，甚至宁可暂时待业。三是物质至上。只顾眼前利益，求职择业以金钱为主要衡量标准，忽略职业的发展前景。四是抱有"大树底下好乘凉"的观念。只想依靠关系网得到工作和生活上的照顾，贪图安逸，忽视自身素质的锻炼和提高。五是缺乏自知之明。有的人不知道自己属于哪种类型，不知道自己适合干什么，不适合干什么，缺乏必要的自我分析能力。有的人觉得自己什么都能干，什么都敢干，却不知道从事这些职业应具备一些什么样的知识和能力。六是"这山望着那山高"。部分毕业生存在违约现象，诚信意识有待加强，给个人、学校和用人单位都带来了不好的影响。

二、就业思想准备

对于大学生来说，就业是走向独立的起跑线，是锻炼自我、提高自身能力的良好契机，因此必须在以下几个方面做好思想上的准备。

（一）要有积极主动的求职意识

很多大学生在对学校或专业的选择上，因受各种因素的影响，并没有把自身情况与职业生涯有机地联系起来。例如，有的同学是为了获取最大的被录取可能，而选择了自己并不了解或并不喜欢的专业；有的同学是受当时社会热点的影响而随波逐流，选择了所谓的热门专业；有的同学是听从家长、老师及亲朋好友的建议，以他人的尺度来选择自己的专业；有的同学则是因分数低或志愿没报好而被调剂录取。因而，从总体上来讲，大学生可能对所选专业及将来自己要从事何种职业等问题处于盲目状态。等到即将毕业，尤其是面临择业问题时，往往感到手足无措，更难以适应就业制度的变革和人才市场的激烈竞争。在校期间，大学生应抓紧了解自己的专业，明确自己所学专业的培养目标及使用方向，树立专业思想，并主动将个人发展与社会需求结合起来，跟上社会发展变化的步伐，变被动为主动，提高自己的综合素质，提升自己的竞争力。在毕业前，注意收集社会各方面特别是与本专业有关的用人信息，树立自我推销的求职意识，凭借自己的实力叩开职业大门。

（二）要正确认识自己，自觉适应社会

大学生在择业过程中，普遍存在着期望值过高的现象。在这种情况下，正确认识自我，端正就业态度，全面了解社会，明确就业方向，处理好专业与需求、实际与志趣、眼前利益与长远利益的关系，就会"退一步海阔天空"。因此，毕业生在选择职业前应该首先认真想一想，自己有什么才干、能力和专业特长，以自己的各种素质能力可以做什么工作，适合从事什么职业，然后择路而行。尽量避免理想主义，及时调整就业期望值，不刻意追求最满意的结果。

（三）要有立大志、干小事的思想准备

要成就一件大事业，必须从小事做起。古人说过："一屋不扫，何以扫天下？"走出校门，步入社会，一定要有放下架子、甘当"小学生"的思想准备。如果整天想着做大事，而不屑于做小事，不仅社会不欢迎，而且大事也做不好。在工作岗位上应该认认真真地学习，踏踏实实地做好本职工作，不要花架子，不靠嘴皮子，把自己远大的理想落实在努力之中，以一个普通人的姿态去从事每一项普通的工作，在寻常的工作中明确终极目标，创造光辉的业绩。

（四）要更新就业观念，树立正确的就业观

1. 竞争的就业观

就业制度的改革，特别是竞争机制的引入，旨在充分调动学校、用人单位和毕业生三个方面的积极性，实现人才的合理配置。在就业活动中，大批毕业生在短时间内集中就业，使市场竞争压力加大。所以，一味地怨天尤人并不能解决问题，自暴自弃只能使自己的人生变

得毫无价值。择业竞争机制的引入，对于毕业生来说是一种新的考验，每位毕业生都要适应这种现实，冲破传统观念，强化竞争意识，勇敢地面对竞争的挑战和压力，承受在人才市场和竞争机制尚不完善的条件下所遇到的种种困难和阻力，因此树立竞争的就业观是很有必要的。

一般来说，竞争的就业观主要包括以下四个方面：

（1）有强烈的竞争意识。全国每年都有数百万的高校毕业生要在短短几个月的时间内集中实现就业，就业市场的压力可想而知。同一个岗位往往聚集了许多求职者，若想获得岗位，唯有通过竞争。缺乏主动竞争的思想准备和积极参与竞争的行动，显然难以顺利实现就业，特别是难以实现理想的就业。

（2）培养雄厚的竞争实力。归根结底，在竞争中比拼的还是实力。要想在就业竞争中获胜，必须具备雄厚的竞争实力。竞争实力是综合素质的体现，包括思想品德素质、知识结构、心理素质、特长和应聘技巧等。在公开、公正、公平的竞争原则下，竞争实力是实现个人择业的理想的"资本"。所以，高校毕业生一定要在就业前增强自己的竞争实力，练好"内功"。

（3）坚持正确的竞争原则。就业竞争是客观、现实的，同时也是残酷的，但竞争必须符合社会道德规范。具体地说，竞争应坚持公正、公开、公平的原则，反对尔虞我诈、相互诋毁、弄虚作假、瞒天过海。在就业竞争面前，要保持自己的人格尊严，诚实守信，凭借自己的实力，运用恰当的竞争技巧，赢得用人单位的肯定。

（4）保持良好的竞争心态。只要是竞争，就会有成功的喜悦和失败的痛苦。这就要求参与就业竞争的毕业生保持良好的竞争心态，增强接受失败的心理承受力。当择业过程中遇到失败时，应积极设法寻求新的机遇，努力争取下一次就业竞争的成功，做到"胜不骄，败不馁"，一步一步地实现自己的职业理想。

2. 自主就业观

就业是大学生自己的事，大学生要自己动手，自己求职择业。要把自主就业的观念渗透到求职择业的各个阶段。

第一个阶段是获取信息阶段。大学生获取就业信息的渠道有很多，如政府信息发布会、互联网、报纸和学校就业指导中心等，还可以通过亲戚、朋友或同学等来获取信息。大学生要主动出击，收集信息。

第二个阶段是信息遴选阶段。对获取的用人信息进行去粗取精、去伪存真，遴选出两三个可靠的、理想的、适合自己的岗位，并对其进行深入、细致的了解。这样有利于加强就业的针对性，使准备更加充分。如果把获取信息阶段说成"漫天撒网"，那么信息遴选阶段就是"重点捕捞"。

第三个阶段是求职阶段。这时应主动与用人单位接触，写求职报告，准备自荐材料，并进行自荐或请人推荐。在这个阶段，大学生需要注意，态度要积极，不要放过任何一个适合自己的机会。

3. 动态就业观

就业是一个动态过程，就业之后，也可能会失业。随着科学技术的发展，产业结构调整的速度加快，知识更新、产业高级化的速度加快，传统产业逐渐被新兴产业代替，就业岗位在不断变化，就业者轮换的频率也在逐渐加快。其实，通过合理流动，找到最适合自己的工作，发现最能施展自己才华的岗位，无论对用人单位还是对个人来说都是一件好事。所以，毕业生要树立动态就业观，积极参与择业的竞争，发挥自己的学识和技能，实现自己的人生价值。

4. 自主创业观

"大众创业，万众创新"是当前社会的主流趋势。事实上，自主创业也是就业的一种。随着对外开放步伐的加快和产业结构的调整，社会已为有志青年提供了自主创业的机遇。因此，有真才实学的大学生要立创业之志，走创业之路，建创业之功，树立自主创业观，通过自主创业解决自己的就业问题。

（五）要正视成功与失败，勇敢地面对挫折

择业本身既是一次主客观相碰撞的过程，又是优胜劣汰的过程。职业选择体现一个人多层次的价值系统。谋求理想的职业，实际上是在寻找理想与社会的最佳结合点。但最佳结合点往往很少。在择业中如果一遇到挫折就苦闷、焦虑、失望，感到脸上不光彩，甚至心灰意冷、自暴自弃，那就永远不会成功。双向选择的本质意义是一种激励手段，对优胜者是这样，对失败者也是如此。失败者应振作起来，彻底摆脱"等、靠、要"的就业心态，加快自强自立的转化过程，成为新的开拓者。在择业的过程中，挫折是一种鞭策，是造就强者的必经之路，应该把挫折看作锻炼意志、增强能力的好机会。

第二节　信息准备

在现代经济社会中，商业信息的掌握从某种意义上来说决定了一个企业的生存和发展，谁拥有更多的商业情报，谁就有可能获得市场竞争中的胜利。大学生就业也不例外，谁拥有更多的就业信息，谁就会在就业竞争中取得主动权。与大学生择业密切相关的就业信息内容，主要包括行业的用人动态及用人单位提供的就业岗位。搜集一定数量的与自己择业目标和方向有关的人才需求信息，是大学生职业选择的必要前提。同时，大学生要善于处理搜集来的各种就业信息，去伪存真，取精弃糟，将就业信息变为具有高度利用价值的择业工具。

一、就业信息概述

（一）就业信息的概念

就业信息是指所有能够为毕业生提供就业岗位或就业机会的信息。获取有效的就业信息，在职业选择过程中有着举足轻重的地位。谁获得了更多的就业信息，谁就获得了就业竞争的主动权。

（二）就业信息的特点

就业信息作为信息资源，具有时效性、真实性、相对性、共享性、变动性等特点。

1. 时效性

就业信息有极强的时效性，每条信息都有时间要求，即它在规定的时期内是有效的，过了一定时期就失去了意义和作用。毕业生在收集就业信息时，要注意有效期限，争取及早对信息做出反应。

2. 真实性

就业信息有真有伪，这就要求毕业生要仔细地分析和研究就业信息，避免被不实的信息所诱导。在当前市场尚不健全的情况下，虚假信息大量存在，且危害极大。

3. 相对性

随着社会分工的细化，用人单位对人才要求的针对性提高。一条就业信息对一部分毕业生是非常有价值的，对另一部分毕业生则没有多大价值。这就要求大学生在得到就业信息后，要认真分析和研究，与自身的条件进行对比，看自身的情况是否符合用人单位的要求，这样可以减少求职的盲目性，增加求职的成功率。

因此，毕业生要注意就业信息的相对性，不要盲目追求当前社会大众都看好的职业，要重视适合自己的信息，对于不适合的信息要果断放弃。

4. 共享性

就业信息的共享性是指就业信息可以通过不同的载体进行传播，并为社会各方共同享有。就业信息的共享性还意味着就业的竞争不限于本班同学、本校同学、本地高校，还有外地高校毕业生。

5. 变动性

变动性是指就业信息不仅受到国内、国际政治和经济形势的影响，也受所在地区、行业形势变化的影响。例如，受国际金融危机的影响，我国东南沿海以出口加工为主的中小型生产企业效益全面下滑，导致该地区就业需求变动极其剧烈。就业信息体现了很强的变动性。

（三）就业信息的内容

就业信息的内容十分广泛，主要包括两个方面：

1.就业政策和相关规定

了解国家就业方针、政策及相关的就业法律法规，是毕业生就业的前提。系统地收集和认真研习政府就业方面的方针、政策，充分掌握"行情"，可以使毕业生在求职的过程中不走弯路或少走弯路。就业政策信息既包括国家和地方根据一定时期社会生产力发展和社会对人才的需求情况而制定的行为准则，也包括就业体制、范围、程序、时间等。毕业生要通过各种渠道和方法了解和学习就业政策，在国家就业政策规定的范围内择业。例如，对毕业生成为个体工商户或去私营企业、外商投资企业就业的政策规定，对去西部地区就业的规定等。如果对这些就业政策缺乏足够的了解，就容易导致就业的随意性、盲目性和片面性。

2.供求信息

供求信息包括当年毕业生信息和用人单位信息。高校毕业生只有知己知彼，才能百战不殆。

（1）毕业生信息。毕业生信息包括当年毕业生总体供求形势，即本地区毕业的学生有多少，用人单位的需求有多少，是供大于求，还是供小于求，或者两者基本平衡；哪些专业是热门专业，哪些专业过剩等。

（2）用人单位的信息。用人单位需求信息收集得多与少是直接关系到毕业生能否顺利就业的重要因素。一些高校就业主管部门想方设法为毕业生提供用人单位的需求信息，同一专业有2~5个相关用人单位的需求信息供毕业生选择，这样大大提高了毕业生就业的信心。但获得就业信息并不意味着就找到了工作岗位，毕业生对用人单位需求信息要进一步了解，进行有效的对比，这样可以避免择业时的随意性和盲目性。但有些学生只挑选大城市而不考虑用人单位的性质、业务范围；有的只图单位名称好听而盲目签约，这样是很容易带来隐患的。毕业生要学会系统、全面地了解和分析用人单位的人才需求信息，比如，用人单位的性质及隶属关系，用人单位的企业文化、发展前景、地理环境、经营范畴、福利待遇等方面。这些信息可通过网络、学校就业主管部门、用人单位需求信息库及用人单位的上级主管部门等渠道了解到。

二、就业信息的搜集渠道

面对偌大的就业市场，获取真实可靠、准确无误的就业信息对于毕业生来说至关重要。因此，要注重选择市场可信度高、信誉好、权威性的渠道来获取就业信息，以免浪费时间和精力，避免上当受骗。

（一）就业信息的获取渠道

1.各高校毕业生就业指导中心

学校的毕业生就业指导中心（或办公室）是为毕业生服务的常设机构，一般有专门的负责人和工作人员。学校年年向社会输送人才，与许多用人单位保持着广泛而密切的联系，并与一部分用人"大户"

建立了比较稳定的工作关系。学校的毕业生就业指导中心是用人单位求才时首先联系的部门，因而了解和掌握大量的人才需求动态信息，是毕业生重要的求职信息来源。从毕业生就业指导中心获得的信息的特点是针对性强、专业对口率高、可信度高且具有一定的权威性。

2. 各级毕业生就业主管部门和就业指导机构

每年教育部都要制定毕业生就业的有关方针、政策，各省、自治区、直辖市主管部门也要相应地制定实施意见，各地的毕业生就业指导机构也要开展信息交流和咨询服务。这些主管部门通常会发布一些指导性的文件，或举办大型的就业招聘活动。因此收集就业信息时，不可忽视这一重要的信息渠道。要从国家的有关决议、决定、规划、规定等文件中获得就业信息，也要掌握各地区发布的有关决定和人才流动政策，这类信息具有较强的宏观指导作用。

3. 亲朋好友及其他社会关系

亲朋好友不但了解毕业生的个性、兴趣、能力，而且也很清楚毕业生对未来单位和岗位的期望，因此在他们帮助推荐工作的时候，比较能够兼顾求职者的需要与岗位适应性。同时来自亲朋好友的信息，相对来说更具有真实性和有效性。

除了亲朋好友以外，毕业生还可以通过其他社会关系获取就业信息。比如本专业的教师，他们对学生都比较了解，同时由于科研协作、社会兼职等原因，会与专业对口的单位有着广泛的接触，因此也是重要的信息来源；又如校友，他们大多已经参加工作，不管是对所在单位的情况，还是对本专业的就业行情，一般都很熟悉，通过他们也可以获得许多具体、准确的信息。

4. 各地的人才市场和人才交流会

各地通常都有固定的人才市场，毕业生可以由此了解到就业形势、薪资行情等。但这类人才市场提供的岗位一般只招聘有工作经验的或有一定社会经验的人才，因而它所提供的岗位并不一定适合应届毕业生。

应届毕业生应更多地参加由各地政府和人事部门举办的毕业生双向选择供需见面会。这种专门面向毕业生的供需见面会，有全国性的，也有地方性的，还有由一个或几个学校联合举办的。这种供需见面会的好处显而易见：一是用人单位数量较多，可以提供更多的工作岗位；二是这些单位和岗位都不排斥没有工作经验的应届毕业生；三是这些单位大多具备一定资质，提供的岗位信息比较真实、有效。毕业生在参加此类招聘会时，应充分准备好有关推荐材料，届时与用人单位直接见面，不仅可以直接获取许多就业信息，有时还可以当场签订就业协议。

5. 传统媒体

各种传统媒体，如广播、电视、报纸、杂志等，介绍用人单位现状、发展前景和人才需求等，不仅传播速度快，而且涉及面广、信息及时，是获取就业信息的一条有效渠道。

要注意的是，对这类就业信息，求职者需要多了解一下相关的背景资料，以免浪费时间和精力，避免上当受骗。如果选用其中的就业信息，还应做进一步的了解。毕业生也可以通过在媒体发布自己的求职信息从而反向获取就业信息。

6. 现代媒体——互联网

随着信息时代的来临，计算机网络的应用越来越普遍，网上招聘也逐渐成为一种潮流。网络作为一个庞大的信息和服务资源基地，已在各个领域发挥了巨大的作用，所以越来越多的用人单位和职业介绍机构也开始选择在网上发布招聘广告与人才供求信息。这对于用人单位和求职者来说是双赢的，双方多了一个相互了解的渠道。用人单位可以利用网络介绍自己的单位和招聘要求，求职者则可以自由地从网络上取得各种职业信息，而且还可以把自己的履历放在网上，以争取更多的就业机会。

大学生搜集求职信息的主要网站一般有以下几类：

（1）专业求职网站。如应届生求职网、中华英才网、无忧工作网和智联招聘网等，在这类网站上可以查询到上千条的招聘信息，一般来说网站可以根据求职者对地域、信息发布时间、行业、薪金等的具体要求提供查询服务。这类网站以专业的人才服务为背景，求职者可以在线填写简历，而所写的简历将被存入网站的数据库里。需要招聘的公司可以查询到符合他们需要的求职者的信息，也可以订阅电子杂志，网站会把最新的求职信息发给求职者。

（2）用人单位网站。目前，许多用人单位尤其是企业越来越重视建设自己的主页，大多数公司除了介绍企业文化与产品之外，还随时提供公司的招聘信息。如果对某个用人单位情有独钟，可以常去主页看看，也许会有所收获。

（3）门户网站的求职频道。如58同城的招聘频道等，除了可以在这里查询求职信息，还可以在这里获得有关人才政策、就业方面的新闻，以及一些就业技巧和就业辅导。

当然，互联网上有着丰富的信息资源，也充斥着各种虚假或过时的垃圾信息，因此在网上求职时要注意掌握必要的窍门，避免因盲目而带来的被动或损失。

7. 社会实践活动

最常见的社会实践活动是毕业实习。实习单位一般与专业对口，通过实习可以直接掌握就业信息。从这些途径获得的信息准确、迅速，而且有效性较高。通过社会实践、毕业实习或业余兼职，可以增加对社会、对职位的感性认识，加强与有关单位的联系，促进与单位之间的了解，便于直接掌握就业信息。事实上，很多毕业生就是在某个单位进行毕业实习时，经用人单位一段时间的考查后加以录用的。

8. 直接与用人单位联系

毕业生可以通过发求职信函、打电话、登门拜访和刊登广告等方式进行自荐。确定重要目标后，通过电话预约，然后亲自登门拜访。"普遍撒网"式的求职方式主动性强，但具有盲目性。在就业信息通道不畅的情况下，这种"毛遂自荐"的方式不失为获取就业信息的途径之一。

9. 职业生涯人物访谈

职业生涯人物访谈是通过与一定数量的职场人士（通常是自己感兴趣的职业从业者）会谈，来获取关于一个行业、职业或单位内部信息的一种职业探索活动。这些信息是通过大众传媒和一般出版物得不到的，经过充分准备的职业生涯人物访谈是学生了解信息、拓展人脉的一种有效方法。

10. 中介机构

中介机构属于横向收集信息的渠道，通过社会劳动力市场获得大量信息，而且行业范围覆盖面很广。但是需要注意的是，在与这些机构打交道时，一定要选择背景可靠、声誉好、效率高及专业性强的机构。因为有的机构名不副实，还有的专门利用毕业生求职心切同时又缺乏社会经验的弱点，设置招聘陷阱来坑骗大学生，使一些大学生非但没找到工作还上当受骗了。需要引起大学生高度警惕的中介机构类型有以下几种：

（1）冠冕堂皇型。中介公司看上去像模像样，既有气派的写字间，还有先进的办公设备装点门面，给人感觉很正派，但出示的经营许可证都是复印件，而这些复印件不是假的，就是已经过期作废的，或者是冒用的。

（2）调虎离山型。设在本地的中介机构，专门将求职者介绍到外地（尤其是治安较差的中小城市）去面试，在求职者到达目的地后再行骗。

（3）双簧型。有的中介机构纯粹是为了骗取中介费，他们与一些不法工厂或企业勾结起来，合伙坑害求职者。这些中介在收取了介绍费后，会将求职者介绍到这些工厂或企业面试，工厂或企业在面试或试用后声称求职者不符合录用要求，然后与中介分赃。

（4）游击型。一些非法中介居无定所，飘忽不定，连相关部门也无法摸清他们的行踪，被骗的求职者更是投诉无门。

对于每一位毕业生来说，以上介绍的几种获取就业信息的渠道，许多情况下是相互结合、相互补充的。具体使用哪种渠道，由需要获取的信息种类、个人的喜好及个人具体条件而定，不能一概而论。

（二）就业信息的获取方法

就业信息传播的渠道多种多样、纷繁复杂，想要科学、有效地获取所需要的信息绝非易事。这就要求大学生不仅要了解获取就业信息的渠道，而且要掌握获取就业信息的方法，从各方面获取完备的就业信息，以保证就业信息发挥最大的效能。就业信息的获取方法主要有如下几种：

1. "一网打尽"法

"一网打尽"获取信息的方法充分保证了所获信息的全面性。采用这种方法获取信息时，先不考虑行业、地域和个人的志趣，而是将各种信息尽可能多地搜集起来，然后按照一定的标准进行筛选。

2. "行业优先"法

获取信息的方向注重行业特点，以个人倾向选择的行业为主，围绕选定的行业获取相关的企业信息、行业现状及发展前景等。

3. "地域优先"法

获取信息的方向注重地域特性，以自己所倾向就业的地域为主进行信息的搜集，重点搜集某地方的就业信息。

4. "志趣优先"法

毕业生在获取就业信息时，以自己的特长和爱好等主观意志、自我感受为重点，不以行业或地域为重。比如，有的毕业生希望自己将来能够从事管理工作，有的毕业生希望自己将来能够创业经商，那么他们在获取就业信息时就会更加关注企业管理和市场营销等岗位。

5. "需求优先"法

不管收集什么样的信息，必须把握的一点是，收集到的信息必须能够满足毕业生就业、择业的需要。

三、就业信息的处理

面对林林总总的就业信息，还需要进行筛选过滤，结合自身的实际情况，有针对性地进行排列、整理和分析，去掉无效、过时甚至是虚假的信息，使之更有效地为自己的求职服务。所以，在充分获取信息之后，大学生不要急于求职，而是要根据自身的情况，认真地分析这些信息，有选择地参加应聘活动。

大学生可以通过以下几个步骤对所获取的信息进行分析，以获得真正有利于自己、符合自己职业目标和发展方向的就业信息。

（一）信息的真伪辨识

目前关于人才需求的信息非常多。对搜集来的就业信息，首先要判别这些信息的真实可靠性。一般来说，真实可靠的招聘信息都是经劳动、人事部门核准的，或通过高校就业指导中心向毕业生发布，或由人才市场电子信息及招聘信息橱窗公开发布，或在正规报纸、广播、电视、网站等媒体上发布。但也不能认为报纸上、网络上的信息就是完全可靠的。遇到自己认为很重要的信息，在求职前一定要先打听清楚它的来龙去脉，通过自己能想到的各种办法去证实它的真实性，以免上当受骗。

对以下几种典型的虚假招聘信息，大学生要严加防范。

（1）沿街四处张贴的招聘小广告，绝大多数都是虚假的。

（2）招聘条件过于诱人的广告。比如，许诺以超出求职者预期的高薪或高职位，然后让求职者从事不光彩职业。

（3）基本资料不全的招聘信息。比如，某些用人单位在发布招聘广告时只公布电话号码或信箱号码，而没有单位地址；有的甚至只有手机号码，没有单位的名称。

（4）莫名而来的就业机会。比如，有的大学生会突然接到自己从未联系过且从未听说过的用人单位打来的电话，对于这种情况毕业生要提高警惕，这是非法传销组织的惯用伎俩。还有的人利用这种方法将学生引诱到外地，施以诈骗、勒索甚至抢劫。

（二）信息的积累与联系

每一条招聘信息都是相对独立的，但当我们收集了一定数量的信息之后，需要通过自己的思考，对这些信息进行分析加工，使这些信息能够客观地反映当前就业的动向和趋势，使自己对当前的就业状况有一个全面的了解，从而使这些信息成为自己择业的依据。当然，我们也要有目的地去收集信息，以避免收集范围过大，浪费时间和精力。

（三）信息的比较和筛选

将自己所有感兴趣的真实信息按重要程度进行排序，从中选出对自己来说最重要的信息并认真加以分析，而一般的信息则仅供参考。这样，有利于大学生明晰求职的重点目标和具体方向。

（四）信息的利用价值分析

大学生在求职之前，还应该冷静地思考招聘信息传递出来的内在含义，比如这条信息所包含的内容到底是什么、用人单位到底要招聘什么样的人等。同时，结合自身条件来考虑自己与该用人单位、该职业是否匹配，比如自己有什么优势、该职位是否符合自己的个性、自己用什么去打动用人单位以取得职位等。只有充分考虑了这些因素，确认了该信息对自己的利用价值，大学生在求职时才能争取主动地位。

分析就业信息的利用价值应当注意以下几个问题：

（1）用人单位的要求与求职者的条件是否相符。真实有效的信息不一定都对求职者有用，如某用人单位要招一名本科以上学历、具有相关工作经验三年以上的财会人才，这个岗位对一个财会专业的大专应届毕业生来说，就显然不合适了。只有选择用人单位招聘的职位和要求与自己的条件相符或相近时，应聘求职才会有较大希望。

（2）应注意招聘实际人数的多少。有的用人单位在招聘信息上明确表明只招一个人。应聘者对这种情况应加以鉴别并适当回避。为提高求职的成功率，求职者可以选择那些招聘人数较多的用人单位。

（3）考虑选择有利于自己发展的招聘信息。一些属于新经济领域的产业正处于成长发展期，前景大好，对这类用人单位发布的招聘信息，可以给予特别关注。而在不同地区就业，也需要关注不同地区的经济发展走势，了解该地区的发展规划，以预测该地区未来发展所需要的人才类型，便于自己更好地就业。

四、就业信息的运用

就业信息的选择和处理过程，实际上就是一个将职业与自我进行匹配的过程。对经过自己的思考而筛选出来的有效信息，大学生要学会合理、充分地利用，这样才能把信息的无形价值转换成实实在在的成功择业收益。在就业信息的运用上，大学生要把握好以下几点：

（一）注意信息的时效性

就业信息一般都有时间限制。大学生在搜集就业信息时，应特别注意信息是否含有招聘日期，如含有日期，则应该在规定的时间内应聘。一旦看准就要有所行动，该出手时就出手，以便把握良机，找到自己真正心仪的工作。

（二）灵活运用信息

求职时，我们通常会先考虑职业要求是否与自己的专业相符，"专业对口（或相近）"往往是用人单位与求职者尤其是应届毕业生双向选择的共同标准，这可以使个人更容易发挥专业特长，避免所学专业资源的浪费。但这并不是绝对的，有很多成功人士都是在其职业生涯中途转行从事另一项职业的，专业与个人的职业潜质并不等价，因此用人单位虽然对所需求的人员有一定的要求，但也并非一成不变。在就业信息面前，大学生需要冷静、认真地分析自己的优劣，不要因某个次要条件达不到用人单位的要求而轻易放弃，应该相信自己的实力，去努力尝试和争取，可能会有意外的收获。

（三）把握胜任和难度原则

在初次就业时，大学生往往不能正确进行职业定位，过分注重就业信息中提供的薪资与职位。有的毕业生认为只有高薪才能体现自己的价值，因此而放弃一些其他条件不错但薪金比较一般的就业信息。其实，作为一个刚毕业的大学生，首先要让单位接纳自己，这样才能找到一个表现的平台并展示自己的实力。如果选择了自己不能胜任的工作，工作起来会力不从心，也容易因压力过大而使个体产生挫折感；但如果选择难度过低的职业，时间一长，又往往会因工作的单调乏味和无法体现个人价值而失去积极性和创造性，进而丧失工作的兴趣。因此要学会客观地分析所搜集的就业信息，正确对待自己的工作，既要考虑自身今后的发展，也要从实际出发。

（四）参照信息完善自己

搜集了求职信息之后，大学生还可以根据职业信息中对人才的要求来对照自己目前的学业水平及能力，从中发现自己的不足并努力缩小差距和完善自己，弥补自己在知识技能或综合素质方面的欠缺。这样，既提高了自己的水平，也顺应了社会的要求，而且对自己今后所从事的工作也会有很大的帮助。

（五）共享信息资源

在获取的就业信息中，有的对自己并无直接用处，但可能对他人有用。在遇到这种情况时，大学生应主动将这些信息提供给他人，避免信息资源的浪费。这样做可以帮助别人，而被帮助的人获取了对你有益的信息时，也可能会反馈回来。从这个角度来说，此举也等于帮助了自己。

第三节　求职材料准备

求职材料又叫自荐材料。准备自荐材料的直接目的就是使用人单位能够对自己感兴趣，最终被录用。用人单位出于节约人力和时间的考虑，大多数情况下，不采用直接面试的形式，而是要求求职者先寄送自荐材料，由他们进行比较、筛选，然后再通知求职者是否可以参加面试。由于用人单位最初是通过自荐材料来了解求职者的，因此自荐材料的好坏，关系到求职者能否引起用人单位的重视，并由此叩开用人单位的大门。对即将面临就业的每个毕业生而言，当务之急恐怕就是制作一份个人求职材料了。

在求职时，你准备向用人单位呈送哪些求职材料？你知道该如何准备吗？没有工作经验的我们，如何突出自身的优势从而取得面试的机会呢？

毕业生的求职材料应多侧面、多角度、准确全面地反映自己的专业水平、组织能力、领导能力和综合素质。通过书面求职材料，用人单位可了解到毕业生的身份、能力、综合素质等基本情况，以判断和评价毕业生的学习成绩、工作潜力，从而确定是否给毕业生提供面试的机会。通常来说，求职材料主要包括以下内容：

（1）求职信。

（2）个人简历。

（3）学校发的毕业生就业推荐表、推荐信。

（4）学习成绩单。

（5）各种证书。

（6）参加社会实践、毕业实习的鉴定材料。

（7）有关科研成果证明及在报纸、期刊上发表的文章。

一、求职信的写作

（一）求职信的含义和作用

求职信是求职者为了向用人单位谋求某一职位而写的书信。求职信是求职者向用人单位介绍自己、推销自己并申请某具体职业岗位（或职业范围）的书面材料。一份好的求职信能体现出求职者清晰的思路和良好的表达能力，是吸引人事经理阅读、考核求职者的绝佳工具。

有很多大学生对求职信不太重视，认为求职信作用不大，招聘人未必会看。其实不然。最近，某专业网站在网上进行了一份关于"人事经理对求职信的关注程度"的调查，34%参与调查的人事经理表示非常重视求职信，54%的人事经理表示将求职信作为重要参考，只有11%的人事经理表示不看求职信。虽然确实有些人事经理无暇细看求职信，但仍有很多用人单位把求职信看作对求职者第一印象的来源，因此求职信的作用不容小觑，大学毕业生求职择业时要对求职信的撰写引起足够的重视。

（二）求职信的种类

按"是否了解用人单位招聘状态"这一标准，求职信可分为自荐信和应聘信两个种类。

（1）自荐信：自荐信是在不知道用人单位是否需要招聘人才的情况下毛遂自荐。自荐信对自己的介绍应是全面的，可以向多个单位、多个部门寄送。

（2）应聘信：应聘信是在获知用人单位公开招聘职位的情况下有目标的求职。应聘信的目标明确，针对性强，要根据用人单位的需要有侧重地介绍自己的专业特长及应聘的理由。

（三）求职信的特点

（1）针对性：求职者应对用人单位、所求取的职位和自己的条件都有所了解，针对自己实际能力和单位所需职位的要求，投其所好。

（2）自荐性：求职者与用人单位之间从未谋面，互不相识，现在要进行"纸上的会见"，因此要善于自我推销，突显自己的优势。

（3）个性化（独特性）：在求职竞争激烈的情况下，一封个性鲜明的高质量求职信，能够给用人单位留下深刻的印象，激起对方求贤若渴的意愿。

（四）求职信的内容和格式

求职信的书写格式与一般书信相同，一般来说由开头、正文、结尾和落款四部分组成。

（1）开头"自报家门"，说明求职缘由

求职信（标题）

××（称谓）：

（2）树立"对方意识"，突出展示自己具备的优势，适当推销自己，不卑不亢包括精神品貌和学习情况等。学习情况可以包括：课程学习成绩；专业操作技能（见习和实习经历，掌握的专业技能，考取的各类上岗证和技术等级证书）；获奖情况。如有其他特长也可以写在信中，突出自己的优势。

（3）结尾进一步表明自己强烈的求职意愿

此致

敬礼（祝颂语）

署名

成文日期（落款）

附件：如简历、学历证明、获奖证书、已发表的论文和专著等。

（五）求职信的撰写规则

一封效果良好的求职信必须要有完整的内容结构，撰写人还要掌握一定的写作规则，以免走入误区。一般来说，求职信的撰写规则主要有以下几条：

1.量体裁衣，度身定做

树立"对方意识"，投单位所好。善于换位思考，从用人单位的角度出发考虑问题，面对不同的招聘单位和具体职位，求职信在内容侧重点上应有所不同，有明确的针对性。有针对性地提供自己的背景材料，表现出自己独特的智慧和才干。

2.突出主题，引人入胜

求职信一般只有几秒钟的时间吸引招聘者继续看下去。在通常情况下，招聘人员对与其企业有关的信息最为敏感，因此求职信要重点把自己与企业或职位之间最有关系的重要信息表达清楚。

3. 实事求是，切忌吹嘘

求职信不仅体现了个人的经历，还有个人的品格。诚实是用人单位对新员工最基本的要求。有的求职信中没有任何豪言壮语，也没有任何华丽的词汇，却能使人倍觉亲切。

4. 言简意赅，避免冗长

求职信最好不要超过一页，除非招聘人员索要进一步的详细信息，而且内容要短小精悍，避免空泛和啰唆。因为招聘人员的工作量很大，时间宝贵，求职信过长会使其效果大大降低。

5. 讲究措辞，文字规范

措辞有分寸，做到不卑不亢。过于谦卑，会给人庸碌无为的不良感觉；过于高傲，会给人轻佻浮夸的印象。求职信不仅能体现求职者的知识素养，还能反映其个性品格。所以，一定要注意语言的精雕细琢，切忌有错别字、病句及不通顺的现象发生。

二、个人简历的制作

个人简历在职场上是谋求称心职位的一块敲门砖。实际上，简历写得精美，未必就一定能获得理想的工作，但它却是求职的第一道门槛。一份出色的可信度强的简历，可以使用人单位从字里行间看到应聘者的才华和事业心，从而做出面试或直接聘用的决定。一个优秀的人才，由于一份糟糕的个人简历，也可能会失去让未来的雇主进一步了解自己的机会。所以，对初出校门的学生来说，简历事关人生的第一份工作，求职者务必要认真撰写个人简历。

（一）求职信与个人简历的区别

求职信是商业信函，就如同向客户发出的合作邀请一样，要求规范、专业，吸引别人看下去以获得更多的信息。个人简历属于推销个人的广告文稿，就像产品介绍一样，要能激起客户的购买欲望，说服招聘方给予面试的机会。求职信来源于简历，又高于简历，是简历的综合介绍，是简历的补充说明和深入扩展。比如，在简历中介绍自己有吃苦耐劳的精神和团队合作的精神，在求职信中就可以通过具体的事例进行有针对性的说明。

（二）个人简历的特点

1. 真实性

简历是推销自己的宣传品，是简洁地记录和反映一个人的成长、奋斗史的文件。所以，它应当十分真实，不做夸张和修饰，哪怕是一个细小的部分，都要遵循真实的原则，如果被用人单位发现简历中有造假的现象，应聘者的人品道德就会受到质疑。

2. 完整性

简历要求非常清晰地勾画出一个人随时间流变而延伸的人生轨迹。一个人以往的教育背景、工作，甚至与个人生活有关的经历都要在其中得到比较全面的反映。

3. 规范性

简历对党政团体和政府及社会机构的组织、人事部门建立个人档案，具有十分重要的价值。这类个人简历的填写、收集和保存都非常严格且规范。这类个人简历一般有固定的格式和规定的书写要求，并且有组织地填写和移交。

（三）个人简历的内容

写作简历的目的是使用人单位在很短的时间内了解到你是否具备录用资格，因此在编写简历时必须有的放矢，充分展示个人优势。简历的内容一般包括标题、个人基本情况、求职目标、教育背景、工作/实践经历、所获奖励（荣誉）、个人专长/兴趣特长和自我评价等基本要素。

1. 标题

标题可以直接写"简历"或"个人简历"，也可以冠以姓名和称谓。

2. 个人基本情况

个人基本情况指对个人的基本情况做简要介绍，包括姓名、年龄（出生年月）、性别、籍贯、民族、学历、学位、学校、专业、政治面貌、健康状况和联系方式等。一般来说，一项内容要素用一两个关键词简明扼要地概括说明一下就可以了。这一部分放在最前面，便于用人单位联系。

3. 求职意向

求职意向主要说明自己对哪些行业感兴趣，想找什么样的工作岗位，明确表述自己的目的和动机。这部分表述要简洁，一般由一个短语或句子组成。内容上应与个人的工作经历或学历有某种逻辑上的联系，即寻求的职位应与自己过去担任过的职务或学习过的专业相近或相同，而不宜相距太远或毫不相干。求职目标的参考撰写样式如下所示：

求职目标：建筑工程项目现场施工员/质检员/资料员。

4. 教育背景

用人单位主要通过求职者的受教育情况了解求职者的智力水平及专业技能等，所以一般将最高学历写在前面，从最近的学习经历往回写，写到中学即可，主要以大学的学习经历为主，可以列出大学阶段的主修、辅修及选修课的科目和成绩，尤其是要体现与所谋求的职位有关的教育科目和专业知识。

5. 工作/实践经历

初出校门的大学生，可以将工作经历改为社会实践和实习经历，包括在学校和班级所参加的社会工作、勤工助学、校园及课外活动、义务工作、团体组织、兼职工作经验、培训经历、实习经历和实习单位的评价、专业认证等。

有过工作经历的求职者，主要写参加工作之后各阶段的情况，要注意突出主要才能、贡献、成果，以及学习、工作、生活的典型事迹等，要特别突出自己在原先岗位上的业绩，以及在什么时间、什么地点得过哪些奖项。这部分内容要写得详细些，便于用人单位考察求职者的团队精神和组织协调能力。

6. 所获奖励

所获奖励（荣誉）包括受教育期间在出版物上发表的论文、参加的各类大赛、学生干部资格、奖学金等。

7. 个人专长/兴趣特长

个人专长主要列明个人所学的专业或由个人兴趣发展而来的专长，主要是与应聘工作相关的专长，包括专利权、语言技能、许可证书和各类职业资格认证等。填写个人专长有助于用人单位全面了解求职者的情况，可增加求职者被录用的机会。

8. 自我评价

在自我评价中，要简明扼要地说明自己的最大优势是什么，要反映出自己的能力和实力。自我评价要务实，切忌空话、套话。

（四）个人简历制作要注意的问题

一份成功的简历，应该让求职者看上去颇为优秀。因此写简历时一定要避开缺陷，强调优点，要善于发现自身的优点，让用人单位迅速知道求职者的求职目标和个人能力。

1. 内容上突出个性

简历的内容应该能够明确地表达出作者"能做什么、做过什么、有何成就、想做什么"四个方面的内容。此外，每个人都有值得骄傲的经历和技能，可以使用"第一、仅有的、之一"这样的词进行独特性的描述。

2. 形式上与众不同

一份编辑专业、制作精良的简历既能吸引招聘人员的注意力，又能保证内容的一目了然，有助于叩开职场的大门。所以，适当运用编辑技巧，如用粗体字、斜体字、下划线和段落缩进等，突出要点，避免使用大块的段落文章，可以使简历别具一格；而如果在一堆电脑打印的简历中，有一份设计新颖、字体美观的手写简历，一定更能引起招聘人员的注意。

当然，我们也可以套用一些现成的简历模板，但必须适合个人形象与岗位要求。不管用什么形式，都不宜过分复杂，要做到清晰、醒目。

3.语言简明扼要、富有个性

简历一般应该在 20~30 秒内使读者产生印象。第一印象好，才会使读者有兴趣读完整份简历，否则，有可能很快被扔进废纸篓，因此在写简历时要注意词语的选择和句子的组织。要尽量使用准确、富有表现力的词语，根据不同目标职位的要求，用最少的文字表达最多的内涵，让用人单位在最短的时间内获得关于求职者的最多、最准确、最重要的信息。

此外，简历切忌过长，应尽量将信息浓缩在一页之内，把最重要的、有实质性的东西呈现给用人单位。简历上的资料必须是客观而实在的，千万不要吹牛，要本着诚实的态度，有多少内容就写多少内容。资料不要密密麻麻地堆在一起，项目与项目之间应有一定的空位相隔。简历写完后要反复检查和修改，改正错别字和病句，删除多余的语句。错别字和语法错误通常会被认为是缺乏最基本技能的表现，应聘高级职员和专业岗位时出现的错别字和语法错误通常不被接受。

三、相关证书与附件材料的准备

（一）各种证书

随着人才机制的完善，人才评价逐步向社会化、客观化、公平化、国际化过渡。国家有关部门已开始在全国范围内陆续开展专业技术资格考试，并将其作为专业技术人员评聘职务和执业的资格条件。拥有相关专业技术资格，已成为求职择业的有利条件之一。

大学生择业就业时，应把已获得的各类证书备好供用人单位参考，包括各类专业证书和奖励证书等。例如：

（1）计算机软件专业技术资格和水平考试证书。

（2）会计专业技术资格考试证书。

（3）经济专业技术资格考试证书。

（4）法律资格考试证书。

（5）建筑、设计、会计、监理、工程等注册类资格考试证书。

（6）其他专业技术资格考试证书。

除此之外，还有全国统一考试的专业技术资格证书。

（二）学校的毕业生就业推荐表

毕业生就业推荐表一般由学校就业主管部门发放，一般在毕业生应聘国有企业、事业单位时需要用到。

填写毕业生推荐表时要注意以下事项：

（1）专业名称要与招生计划的专业名称一致。

（2）姓名要与户口、身份证姓名一致。

（3）学校评语要由系（院）根据学生的情况填写，并加盖公章。

（4）推荐表的内容要属实。

（5）推荐表要求填写的其他内容要认真填写。

（6）推荐表是学校发给学生"双选"的依据，如果签订协议后，用人单位因发现毕业生弄虚作假而解除或撤销就业协议，其后果由毕业生个人负责。

（三）学习成绩单、参加社会实践的鉴定材料

大部分用人单位都会关注求职者在校期间的学习情况，学习成绩单则集中反映了求职者整个大学阶段的学习情况，因此毕业生在制作

求职材料的时候，要把个人大学阶段的成绩单打印出来，加盖学校教务科研处公章，作为补充材料。另外，大部分求职者在校期间都有一定的社会实践经验，特别是与本专业、求职岗位密切相关的社会实践，一定要记得让实践单位出具加盖单位公章的评价性的鉴定材料，要注重对求职者实践期间的工作态度、工作能力和工作成效的实质性评价。

第五章　大学生应聘实务指导

如果有幸得到了招聘者的初步赏识，接下来则可能会面对用人单位一轮又一轮的招聘考试和选拔。招聘考试是用人单位对求职者的进一步考查和评价，招聘考试的结果直接决定了求职者能否达到该用人单位的选才标准、是否具备在该职位上岗的条件。因此，应对招聘考试，是整个求职活动过程中最关键、最具决定性的一环。通常的招聘考试包括面试、笔试和情景性测试等，考试的题目和形式五花八门，且往往不设定范围，但考试的目的只有一个，即从中选拔最适合本单位的人才。毕业生只有洞悉招聘者的意图，掌握一定的应对技巧，才可以突出重围，最终获得求职的成功。

第一节　招聘考试的类型

用人单位选才时通常采用的招聘考核方式主要有三大类型：面试、笔试和情景模拟测试。大学生在求职时肯定会遇到这些直接关乎自己前途的考试，有时只需要面对其中的一两种，有时三种都要面对。不同单位的招聘，三种类型考试的次序也不尽相同。下面从人力资源的角度，分别对这三种招聘考核方式进行简单介绍，以供大学生参考。

一、面试

面试就是主试官面对面地询问应聘者各种问题。面试的方式主要分为模式化面试、非指导性面试、问题式面试和压力式面试四种。面试是一种应用最广泛的招聘考试类型。

（一）模式化面试

模式化面试是指招聘者根据应聘者的背景、资料，向应聘者询问事先确定了题目和答案的一系列与工作相关的问题。目前所使用的正规面试一般都采用模式化面试的方式。

（二）非指导性面试

非指导性面试是指招聘者漫无目的地与应聘者交谈，不知不觉中引至面试的正题。

（三）问题式面试

问题式面试是指招聘者提出一个问题或一项任务，要求应聘者设法解决问题或完成任务。

（四）压力式面试

压力式面试是指招聘者有意地对应聘者施加压力，使之焦虑不安，由此考查应聘者在压力下的应对能力。这种方法比较适用于对高级管理人员的测试。

面试是一种极为方便且有效的考核方法，考查的内容也不受限制。但面试的评价标准不容易统一（模式化面试除外），而且有时随意性过强。

二、笔试

笔试即对应聘者进行书面形式的考核。

（一）笔试的方式

笔试的方式包括论文式笔试、测验式笔试和答卷式笔试。

1. 论文式笔试

论文式笔试要求应聘者通过撰写文章来阐述对某一问题的看法，以考核其知识、才能和观念等。优点是能测验书面表达能力，易于观察应聘者的推理能力、创造力及材料概括能力；缺点是评分缺乏客观的标准，难以测出求职者的其他能力。

2. 测验式笔试

测验式笔试是通过是非题、选择题、填空题及对比题等来考查应聘者的记忆能力和思考能力。优点是评分公正，具有统一的评价标准；

缺点是答案可以凭猜测填写，难以测出求职者的推理能力、创造能力和文字组织能力。

3. 答卷式笔试

答卷式笔试属于综合性的书面考核方式，题型和范围均没有具体限制，招聘部门可以根据要考的项目编制试题。例如，通过思考题测试推理能力，通过改错题考核文字编辑能力等。这种笔试方法越来越多地应用在现代企业的招聘中，其最大的优点就是能够考查应聘者的综合思维能力，包括知识与智力；缺点是试题不易编制，评价标准需要细化。

（二）笔试的内容

笔试的内容主要包括心理测验和智能考核两项。

1. 心理测验

心理测验主要是对应聘者的职业能力倾向性、个性、价值观、职业兴趣和情商进行全面的衡量。心理测验的方式主要以测验式笔试为主。严格来说，心理测验应属于测试类型，但由于它是通过纸笔完成的书面测验方式，因此在这里将它归于笔试范畴。

2. 智能考核

智能考核包括对应聘者的专业知识、智力、技能和特殊能力进行考核，智能考核的方式以答卷式笔试为主。

三、情景模拟测试

情景模拟测试是根据应聘者可能担任的职位，将应聘者安排在模拟真实场景的工作或交际环境中，通过观察其行为过程和行为结果，来鉴别其心理素质、实际工作能力、反应能力、沟通能力和潜在能力的方法。情景模拟测试中通常采用工作样本技术与评价中心技术，具有很强的实践导向性。

（一）工作样本技术

工作样本技术测量应聘者实际执行某些基本任务的表现。工作样本不探究应聘者的个性或心理，由于测量的是实际工作任务，应聘者很难提供假答案。

工作样本法的基本程序包括选择几项对应聘者的职位十分关键的任务，然后就每一项被选任务对应聘者实施测试，由一位观察者对应聘者的表现进行监测，并在清单上记下应聘者执行该任务的好坏程度，通过与测评标准的比较决定该应聘者是否符合岗位要求。工作样本技术多用于对一般雇员的选拔。

（二）评价中心技术

评价中心技术是从多角度对应聘者行为进行标准化的评估，它将应聘者置于特定的模拟情境中，运用多种测评技术对其行为表现做出判断，并由多位受过训练的测评师进行测评。由于评价中心技术存在费用较高、操作难度大、对主试人的要求很高等问题，因此，多用于选拔较高级的管理人员或较重要职位的人员。

评价中心技术有很多种，包括文件筐测验、无领导小组讨论、公文处理、角色扮演、管理游戏和案例分析等。

第二节 面试的应对技巧

面试是指由一人或多人发起的以收集信息和评价应聘者是否具备职位任职资格为目的的对话过程。面试是在各种组织中应用最为广泛的一种人才甄选方法。

一、面试的测评标准

面试测评标准就是考官用来评价应聘者面试成绩的基准。面试测评的最终目标，是要考查应聘者的思想状况、能力水平、心理素质在多大程度上符合工作岗位的要求。而应聘者的这些素质本身是看不见、摸不着的，考官只有通过应聘者在面试中的行为表现来推断其是否具备这些素质。如果没有一个统一的标准，推断容易过于主观，而采用面试评价标准则能使这种推断变得比较客观。

（一）公务员招考面试测评

在公务员面试中，通常有七个面试要素：综合分析、言语表达、应变能力、计划与组织协调能力、人际交往能力、求职动机与拟任职位匹配性、举止仪表。

（二）企业招聘面试测评

在企业的招聘面试中，测评要素不像公务员招考那样规范、统一，但不少企业都有一套适合自身文化特点的测评标准。

二、面试全过程解析

面试是大学生求职择业过程中非常重要的一个环节，有很多本来具有相当能力和水平的毕业生，信心十足地前去应聘，却没有通过面试的考核。除了面试答题的技巧外，大学生可能还会忽视面试的心态、礼仪等细节。细节决定成败，往往一个不经意的失误，就可能前功尽弃，令人追悔莫及。

（一）准备阶段

在进行求职择业的具体活动之前，大学生就应该做好面试的各项准备工作，包括心态、礼仪和技巧等，而不是快到面试之际才"临时抱佛脚"。

1.面试心态

面试前，大学生往往会感到恐惧和紧张，尤其是没有任何面试经历的大学生。其实，面试是建立在测试者与被测试者之间的平等对话交谈的基础上的，面试过程也是双向选择的一个过程。用人单位选择你的同时，你也可以通过面试考查单位，因此一定要放松，以一种平常的心态去面对招聘的考核，做到胜固可嘉，败亦无憾。

2.个人形象

个人形象是一个人仪容、表情、举止、服饰、谈吐和修养的综合体现。如果想给招聘考官留下良好的第一印象，就一定要兼顾个人的外表修饰。

（1）衣着。首先，着装必须符合所应聘职业岗位的特征。其次，着装可以参考"三一律"和"三色原则"。所谓"三一律"，就是要求男士在正式场合露面时，应当使自己的公文包与鞋子、腰带色彩相同；对女士来说，可以稍加变化，但手袋和皮鞋至少应在同一色系之内。"三色原则"，即一个人全身上下衣着的色彩，应当保持在三种之内。

（2）饰物。佩戴饰品应有所选择，数量不要过多。

（3）化妆。女士要避免浓妆艳抹，可以略施粉黛，口红应该选用淡色的，显出青春活力；男士要外表清爽，切忌油头粉面或蓬头垢面。

3. 面试技巧

面试的内容非常宽泛，因此面试的技巧难以一概而论，涉及面试技巧的书籍和参考资料也多种多样。大学生在求职前，应该多浏览关于面试的知识。有一点大家一定要注意，就是千万别死记硬背面试题中的各种答案，因为会很容易被有经验的考官识破。关键是要学习别人的面试方法，从中汲取面试的经验。大学生平时也可以进行模拟面试，锻炼自己对面试突发问题的应变和处理能力。

4. 资料搜集

面试准备时先通过各种途径，尽量搜集用人单位和招聘考官的资料，这样可以做到心中有数，有备而来。

（二）面试之前

首先，面试要守时。面试前应摸清单位的位置和达到的线路，面试当天应确保提前15分钟到达面试地点，熟悉环境，稳定情绪。过早地进入面试地点，会让自己产生紧张的心理，增加暴露出缺点的可能，并且会在一定程度上干扰对方的工作。

其次，进入单位前要将手机关机或调成振动，否则面试时可能会打断双方的谈话，并且给人一种应聘者不尊重旁人的印象。

最后，报到时要面带微笑，态度自然，向接待人清楚地说出自己的名字、应聘职位、约见人、约见时间。如果接待人恰好正在与其他人交谈，要耐心地等候。

在休息室等候面试时，应注意观察该公司的工作气氛，寻找有关该用人单位的简介、资料和员工手册等，或者寻找重要产品、服务等信息。这有助于打开谈话局面，并巧妙地将自己与用人单位联系起来。

（三）面试期间

1. 进门

在进面试室前应先敲门，只需敲 2~3 下，动作要干脆；可以询问："我可以进来吗？"得到肯定答复时再推门进去。见到考官后要面带微笑，主动问好。

2. 就座

不能随便入座，更不能与别人争先恐后地抢座。听见面试官说"请坐"之后，应先道谢，然后就座；面试前的闲聊很重要，一来可以打破僵局，二来可以使双方建立亲近感；与室内的每个人进行目光交流，并保持微笑，目光停留时间在两秒以上，在目光停留期间，切勿移动目光，上下打量。

3. 答题

（1）消除紧张。当感到无法摆脱紧张感时，不妨坦诚相告，如坦率地讲："这是我第一次面试，所以感到有点紧张，可不可以让我冷静一下，再回答这个问题？"当说出这句话的时候，自然而然也就消除了一些紧张感，也容易得到考官的理解与宽慰。

（2）认真回答。听清楚考官的提问后，如果不是答案显而易见的问题，要短暂思考几秒钟后再作答。这样，可以整理自己的思路，也避免让考官认为应聘者过于草率。

（3）注意与倾听。注意与倾听是交谈中的重要方面。应聘者的倾听，不仅表示出对面试官的尊重与良好的谈话技巧，还可以表示自己对交谈很感兴趣，使面试官获得心理上的满足。

（四）面试结束

面试结束前，应聘者要把握好适时离场的时间。一般来说，在话题结束之后或是在主试人暗示之后就应该主动告辞。

面试官将工作性质、内容、职责交代清楚后，可能会让应聘者谈谈自己对今后工作的打算和设想。然后，双方可能会谈及福利待遇问题。这些都属于高潮话题，谈完之后，应聘者应该主动做出告辞的姿态，不要盲目拖延时间。离开时，应聘者应该主动站起身来，面露微笑，和面试官握手告辞，表示感谢，然后有礼貌地退出面试室。面试回去后，可向对方发函表示谢意，增加考官对自己的好感。

三、面试中的典型问题分析

招聘面试的常见问题大致可以分为以下五种类型：背景性问题、压力性问题、意愿性问题、智能性问题和情境性问题。

（一）背景性问题

背景性问题通常关系到应聘者的个人背景。在面试开始时，考官往往会用 1~3 分钟的时间来了解应聘者在工作生活方面的情况：一是使应聘者放松并消除紧张情绪，自然、轻松地进入面试情境，形成融洽交流的面试氛围，以利于整个面试过程的顺利进行；二是验证简历上的有关个人的信息，因为个人简历经常会有表述得不清晰的地方；三是为后续的面试提问提供引导，便于深入面试。典型问题如下：

问题一：请做自我介绍。

分析：①这是面试的必考题目，测试的主要是应聘者的语言表达能力；②介绍内容要与个人简历相一致；③表述方式上尽量口语化；④要切中要害，不谈无关、无用的内容；⑤条理要清晰，层次要分明；⑥最好事先以文字的形式写好，并背熟。

问题二：请阐述自己最大的优点。

分析：①这道题目经常被用于打破沉默，并能测量一个人的自知之明；②应聘者应避免使用一长串华而不实的形容词，如勤奋、聪慧、忠诚及执着等，而要尽量使自己的优点具体化；③最重要的是要将自己的优点与招聘单位的需要结合起来，因为这才是招聘人员真正想了解的。

（二）压力性问题

压力性问题一般是为了考查应聘者在压力情境中的思维逻辑性和条理性，也用于考查应聘者的注意力，瞬时记忆力、情绪稳定性、分析判断力、综合概括能力等。典型问题如下：

问题三：谈自己的一次失败经历。

分析：测试的对象与上一题基本相同。①不宜说自己没有失败的经历；②不宜把那些明显的成功经历说成失败经历；③不宜说出严重影响所应聘工作的失败经历；④所谈经历的结果应是失败的；⑤宜说明失败之前自己曾信心百倍、尽心尽力；⑥说明仅仅是由于外在的客观原因导致失败；⑦失败后自己很快振作起来，以更加饱满的热情面对以后的工作。

问题四：你是应届毕业生，缺乏经验，如何能胜任这项工作？

分析：①如果招聘单位对应届毕业生明确提出这个问题，说明招聘单位并不真正在乎经验，关键看应聘者怎样回答；②对这个问题的回答最好要体现出应聘者的诚恳、机智、果断及敬业；③参考回答：作为应届毕业生，在工作经验方面的确会有所欠缺，因此在读书期间我一直利用各种机会在这个行业里做兼职。我也发现，实际工作远比书本知识丰富和复杂。但我有较强的责任心、适应能力和学习能力，而且比较勤奋，所以在兼职中均能圆满完成各项工作，从中获取的经验也令我受益匪浅。请贵公司放心，学校所学及兼职的工作经验使我一定能胜任这个职位。

（三）意愿性问题

意愿性问题一般考查应聘者的求职动机与拟任职位的匹配性，内容会涉及应聘者的价值取向和生活态度等多个方面。典型问题如下：

问题五：你为什么选择我们公司？

分析：①考官试图从中了解求职者求职的动机、愿望及对此项工作的态度；②建议从行业、企业和岗位这三个角度来回答；③参考回答：我十分看好贵公司所在的行业，我认为贵公司十分重视人才，而且这项工作很适合我，相信自己一定能做好。

问题六：你希望得到的薪水是多少？

分析：①通过回答，考官可以了解求职者对行业情况的了解程度和对金钱与工作的态度。②不要一开始就主动和考官谈薪水，这样会让人家觉得俗气、缺乏诚意，最好等对方主动谈起时再谈。对于毕业生，通常各企业都会提供一个大致相同的薪资标准，不要强求。③如果考官主动谈起薪酬问题，则不要回避。

（四）智能性问题

智能性问题主要是考查应聘者的思维及对一些事物和现象的理解和分析判断能力，通常会选择一些复杂的社会热点问题，考查应聘者的综合分析能力。这类问题一般不是要应聘者发表专业性的观点，也不是对观点本身正确与否做评价，而主要是看应聘者是否能言之成理。典型问题如下：

问题七：对于当前"95后"大学生存在的"慢就业"问题，你是如何看待的？

分析：对本问题来说，高水平的应聘者不仅要谈到"慢就业"现象产生的原因，还要能进一步提出高校人才培养改革、就业指导方式创新等解决措施，这样才说明应聘者考虑问题比较全面、比较深入。

（五）情境性问题

情境性问题就是给应聘者创设一个情境，考官通过与应聘者的语言交流并观察应聘者的行为表现，评价其是否具有处理该情境的实际能力。情境性问题的一个突出特点是可以有效考查应聘者的相关素质，因为应聘者通常在情境中无法伪装自己，而在陈述性面试中比较容易掩饰自己，甚至欺骗考官。典型问题如下：

问题八：假设这样一个情况，本来你的工作负担已经很重了，可上级却给你安排了另一项任务。你觉得已没有精力再承担更多的工作，但又不想与领导发生冲突，你会怎样对待这个问题？

分析：对于此类试题，应聘者首先要理解自己的角色，把自己放到情境中去，然后提出比较全面的行为对策。

问题九：某企业招聘营销专员。假如同事介绍一款价值 8 万元的液晶电视给客户，却对客户说价格为 5 万元。客户付账前，同事临时有事走开了，换你来接待。客户坚持以 5 万元的价格购买，并在商场里吵闹。此时，你该如何解决？

分析：对于此类试题，应聘者要充分考虑事情的轻重缓急，采取多种措施，借人、借物解决问题。一定要让自己的回答有逻辑，并能自圆其说。

四、面试中的应对策略

掌握面试答题的思路是重要的，但再怎么重要的思路或模式都只是回答好面试问题的基础。要真正通过面试，还必须随机应变，活答、巧答，并注意策略的应用。

（一）积极主动

千万不可沉默不言，既不作答又不提问。这样会使面试官对应聘者失去信心。当应聘者对某个问题发表了见解之后，可以附带加上一句："您对此有什么高见吗？"这句话可以清晰地表达出应聘者对面试官的尊敬，很容易使其对自己产生亲切感。事实上，提出一个好的问题，能让面试官刮目相看。

（二）简洁明确

简洁并不等于简单。一般情况下，面试官不希望应聘者只用"是""不是"或仅仅一句话来回答问题。如面试官询问应聘者做过什么社会工作，应聘者不仅要举出实例，而且还要简单地介绍一下工作的主要内容，以及自己选择该工作的原因。成功的应聘者对于每一个回答都会提供有力的支持。当然，如果只是"你是否是某某大学毕业的""学的是什么专业"此类的简单问题，则应直接作答，不必啰唆。

（三）留有余地

在面试中，对那些需要从几个方面来加以阐述的问题，应聘者要注意运用灵活的语言表达技巧，留有回旋余地。否则，很容易将自己置于尴尬境地或陷入"圈套"之中。例如，当考官问"关于这个问题，你认为应抓住几个要点"时，最好这样开头："我认为这个问题应抓住以下几个要点……"在此用"几个"而不用具体的数字"三个""四个"或"五个"来回答，给自己预留了灵活发挥的空间，可以边回答边思考。

（四）不失自信

无论在什么情况下，应聘者都不能在面试时对自己失去信心。如果自己都不自信，别人如何信你？尤其在有压力的情形之下，或者是面试官故意设置"圈套"的时候。例如，有一位应聘者在面试时，考官问他"你有什么缺点"，他按事先准备好的答案进行了回答。但考官听了之后没有说话，他就以为是自己答得不好，又怕冷场，于是又讲了一个缺点。可是考官一直静静地听着，还是不说话。就这样，应聘者一个又一个地讲了不少缺点，而且都是没有经过深思熟虑的，其应聘的结果可想而知。

（五）沉着冷静

有时面试考官会冷不防地提出一个令应聘者意想不到的问题，目的是想试试应聘者的应变能力和在压力下的处事能力。这时，应聘者最需要的是稳定情绪，千万不可以乱了方寸。

（六）开拓思维

在面试中，偶尔也会出现一些近乎怪异的非常规问题，这类题目一般都具有不确定性和随意性，这也使应聘者在回答时有了发挥想象的空间和进行创造性思维的余地，只要充分利用自己积累的知识，以非常规回答应对非常规问题，就能够化被动为主动。

（七）投其所好

聪明的应聘者可以举出两个事例来赞扬考官或招聘单位，在表现自己对单位的极大兴趣的同时，也能获得考官的好感。

（八）避其锋芒

应试场上，考官往往会针对应聘者的薄弱点提出一些带有挑战性的问题。例如，对大学生应聘者会设问："从你的年龄来看，我们认为你担任经理这个职务太年轻了，你怎么看？"面对这样的考题，如果回答"不会""不见得吧""我看未必"等，虽然也能表达出自己的想法，但由于语气过于生硬，否定过于直接，往往会引起考官的不悦。比较好的回答应该是"这个问题我们可以探讨""这样的说法虽然有一定的道理，但我恐怕不能完全接受"等。总之，面对这样一些带有挑战性的考题，应聘者一定要心平气和，避开招聘考官的锋芒，较为委婉地加以反驳和申诉，绝对不可以情绪激动，更不能气急败坏，以免引起考官的反感而导致应试失败。

（九）有理有据

当有些应聘者大谈个人成就、特长、技能时，面试官往往会反问道："能举一两个例子吗？"这些应聘者多数无言应对。在面试中应聘者要想以沟通能力、解决问题的能力、团队合作能力和领导能力等取信于人，最好运用举例的方法。

有一位商场的采购经理参加一次面试，当考官提出"请你举一个实例说明你的工作规范和流程"时，他回答："这有可能涉及我们的商业秘密。"考官说："那好吧，请你把那些不属于商业秘密的内容告诉我。"这样一来，就加大了问题的难度，他先得分清楚哪些是商业秘密，哪些不是商业秘密，一旦说漏了嘴，则更显出其专业水平不够。

（十）明确目标

对于个人职业发展的计划，很多大学生都是只有目标，没有思路。比如，当被问及"未来5年事业发展计划如何"时，很多大学生求职者都会回答说"我希望5年之内做到项目经理一职"之类的话语。如果面试官接着问"为什么"，应聘者通常会回答得语无伦次，让招聘者怀疑其能否留在本单位为自己的职业生涯目标而奋斗。大学生如果能适时地在面试时给出自己的职业生涯规划目标和粗略方案，而且其目标与应聘职位恰好有衔接的话，可能会取得出人意料的面试效果。

第三节　笔试的应对技巧

　　笔试是一种用来考核应聘者特定的知识水平、专业技术、心理素质、思维灵活性及快速反应能力等素质的书面考试形式。大型企事业单位大批量选人、国家机关聘用公务员时，往往采用这种考核方式。对于大学生而言，这种考试形式可以说是轻车熟路了。不过，要提醒大家的是，求职择业过程中的笔试与在校期间的考试有不同之处。

一、专业知识考试

　　专业知识考试主要是检验应聘者担任某一职务时能否达到所要求的专业知识水平。专业知识考试的题目专业性很强。比如，外资企业、外贸企业招聘人员要考外语，科研机构招聘人员要考动手能力，公检法机关录用干部要考法律知识等。值得注意的是，这种考试方式已被越来越多的热门单位所用。应对这种考试没有别的窍门，就是要有扎实的专业基础知识。

二、心理测验

　　心理测试是用事先编制好的用于测试被试者心理素质的标准化量表或问卷，要求被试者在一定时间内完成，根据完成的数量和质量来判断其心理水平或个性差异的方法。一些特殊的用人单位常以此来测试应聘者的态度、兴趣、动机、智力和个性等素质。大学生在应对测验式的笔试时，最好的方法就是有一说一，如果妄自揣测招聘者想要的答案而故意投其所好，很有可能会适得其反。

三、智力考核

智力考核最早是以口头的面试方式进行的，也叫难题面试，现在也有很多智力考核是通过书面的笔试方式进行的。智力考核是用来判断应聘者是否具有灵活的思维能力和超强的分析推理能力的。大学生平时应该多开动脑筋，经常接触一些有关智力开发方面的知识与题型，开拓思路和视野，从中吸收逻辑思维与推理的方法和技巧，举一反三。尤其是有志于应聘对逻辑能力要求较高的行业或职位的大学生，要多注意这方面的锻炼。

四、公务员考试

公务员考试的笔试内容涵盖语文、数学、常识判断等知识，内容多，题量大，要求考生具有快速反应的能力，笔试科目通常为"行政职业能力测验""申论"两科。

（一）行政职业能力测验

行政职业能力测验主要测查应考者从事国家机关工作必须具备的潜能。考试结构包括言语理解与表达、常识判断、数量关系、判断推理和资料分析五个部分。全部为客观性试题，考试时长为 120 分钟，满分为 100 分。

目前，越来越多的企业在笔试阶段采用行政职业能力测验的考查方法，要求应聘者在笔试阶段完成用人单位事先印制的试卷。

（二）申论

申论主要通过应考者对给定材料的分析、概括、提炼和加工，测查应考者解决实际问题的能力，以及阅读理解能力、综合分析能力、提出问题能力和文字表达能力。申论全部为主观性试题，考试时长为150分钟，满分为100分。申论考试要求应考者认真阅读给定资料，并按题目要求进行作答。

第四节　情景模拟测试的应对技巧

情景模拟测试即将应聘者置于特定的模拟工作情景中，采用多种测评技术，观察和评价应聘者在此工作情景中的心理和行为的考核方式。正规的情景模拟测试需要由专业人员编制测试题目和评价标准，对考核者的专业要求也非常高，由于费时、费人、费财，因此这种测试一般只在选拔较高级的管理人员时才会使用。

大学毕业生初涉职场，很少有机会面对复杂的情景模拟测试，但会遇到一些与工作相关的情景式问题，有的也属于情景模拟测试的一个部分或侧面。所以，大学生也有必要了解关于情景模拟测试的内容与方法，掌握一定的应对技巧，这对其求职应聘和将来的职业晋升大有裨益。下面介绍一些情景模拟测试中经常采用的几种方式。

一、公文处理

公文处理测试也叫文件筐测试，它是对管理人员的潜在能力进行测定的有效方法，也是评价中心最重要的活动之一。

在测试中，应聘者将扮演领导者的角色，并面对一堆来自不同部门的信函和文件，其中包括请示报告、备忘录、电话记录及其他材料，应聘者被要求在规定的时间内将这些公文处理完毕。这个测试方法能够较好地反映应聘者在管理方面的组织、计划、协调能力和综合分析、判断、决策的能力，以及分派任务的能力。

二、无领导小组讨论

无领导小组讨论是经常使用的一种测评技术，采用情景模拟的方式对考生进行集体面试。它是将一定数目的考生组成一组（一般为 5~7 人），进行大约 1 小时与工作有关问题的讨论，讨论过程中不指定谁是领导，也不指定考生应坐的位置，而是让考生自行安排组织，评价者观测考生的组织协调能力、口头表达能力、辩论的说服能力等是否达到拟任岗位的要求，以及考生的自信程度、进取心、情绪稳定性和反应灵活性等个性特点是否符合拟任岗位的团体气氛，由此来综合评价考生之间的差别。

大学生在遇到这种测试时，要敢于打破沉默，善于找到问题的实质和突破口，从而带动小组的气氛；在讨论过程中，要尊重其他组员，善于倾听他人的发言；如果有不同见解，要大胆提出，并争取说服大家同意自己的观点；遇到组员与自己分歧严重或主考官故意增加压力时，切勿焦躁甚至发脾气，要保持冷静，沉着应对。

第六章　就业权益与法律保障

　　尽管许多大学毕业生已做好了充分的精神准备和心理准备，然而，当他们带着憧憬和懵懂真正踏入职场时，仍有茫然不知所措之感。有些大学生不了解就业协议书的相关知识，不懂劳动合同怎么签订，在遇到劳动争议时不会用法律武器维权。因此，大学生应该接受就业权益与法律保障的相关教育。

第一节　就业协议书

就业协议书是全国普通高等学校毕业生就业协议书的简称，也叫作"三方协议"，是为明确毕业生、用人单位、毕业生所在学校三方在毕业生就业工作中的权利和义务，经协商签订的协议。就业协议书也是学校派遣毕业生的依据，在学生毕业离校前，学校将根据就业协议书的内容开具毕业生就业报到证和户口迁移证，同时转递学生档案。如果毕业生未签订就业协议书，学校将把其档案转递回原籍。每位毕业生各拥有唯一编号的就业协议书（一式五份），实行编号制管理。

一、就业协议书的作用

就业协议书是毕业生与用人单位建立就业关系的正式凭证，也是毕业生毕业后到相关部门办理就业报到手续的必备材料之一。因此，毕业生必须妥善保管就业协议书。

就业协议书是大学毕业生与用人单位确立劳动关系的协议，实质上是劳动合同的一种特殊表现形式。求职最终签署的合约具有法律效力，因此签约一定要慎重，同时协议书的填写更加不可忽视。

就业协议书一旦签订，就意味着大学生第一份工作基本确定了，因此，应届毕业生要特别注意签约事项。大学生签订就业协议书前，要认真查看用人单位的隶属，国家机关、事业单位、国有企业一般都有人事接收权。民营企业、外资企业则需要经过人事局或人才交流中心的审批才能招收职工，就业协议书要由人事局或人才交流中心签署意见才有效。毕业生还要对不同地方人事主管部门的特殊规定有所了解。

二、签订就业协议书的注意事项

（1）签协议前，毕业生要全方位地了解用人单位的相关情况。例如，企业的发展趋势、企业招聘的岗位性质、企业的员工培养制度、待遇状况、福利项目等内容，不但要掌握资料，更要实地考察。并且还需要重点了解单位的人事状况，了解企业是否具有应届毕业生的接收权。

（2）毕业生在签约时要按照正常程序进行。毕业生持用人单位的接收函到院系领取就业协议书，先由毕业生、院系在协议书上签署意见后交给用人单位，由用人单位签署意见后再交给学校，学校签字后纳入就业计划，协议书生效。

（3）签署协议书时，一定要真实地填写协议书内容。如果报考了研究生或准备出国，应事先向用人单位说明，并在协议书中注明。以往有毕业生向用人单位隐瞒这些情况，而后遭到违约处理。

（4）毕业生在签约时也要考虑对自身权益的保护。协议具有双向约定的作用，如果有需要双方相互承诺的部分，一定要在协议书或补充协议上加以说明。就业协议中可以规定违约金的数额，现行规定的上限是 12 个月的工资总和。

（5）毕业生在签约时一定要注意条款的合理性。我国劳动法明确规定，用人单位不得以任何理由向劳动者收取押金、保证金等，并以此作为是否录用的决定条件。

（6）毕业生、用人单位双方都不得单方面拖延签约周期。毕业生遇到问题而犹豫不决时，最好能够及时咨询高校就业部门的老师，征求相关的意见和指导。

（7）签订就业协议书后，一定要签正式的劳动合同。正式的劳动合同可能是学生毕业前签订、毕业后生效的，也可能是毕业后签订、立即生效的。一般就业协议书会在劳动合同生效时终止其效力。

三、就业协议书的签订程序

（1）毕业生到所在学院领取具有唯一编号的就业协议书原件，认真如实填写，经学院审查后签署意见，加盖学院公章。

（2）毕业生与用人单位双向选择。毕业生要全面了解用人单位基本情况及接收毕业生的基本条件和要求，如实向用人单位介绍自己。

（3）经双方充分协商达成一致意见后，毕业生与用人单位签订就业协议书，并由单位签字、盖章。如有其他约定，以文字方式在就业协议书"备注"栏注明。双方签好的就业协议书由用人单位或学生本人返回学校就业指导中心。

（4）学校就业指导中心将就业协议书进行汇总，经审查合格后，加盖学校就业指导中心公章。其中一份返回用人单位，一份返给毕业生本人，一份学校备案，一份由学校上报省教育厅或省人社厅。

四、签订就业协议书时常遇到的问题

（一）签"保底"协议出现违约

就业协议书是明确毕业生、用人单位、学校在毕业生就业中的权利义务关系的法律文书。因为就业协议书在三方共同签署后即生效，签署就业协议书是一个民事合同行为，对签约三方均有合同的约束力，所以在签订协议之前一定要三思。毕业生在签订三方协议前要熟悉就业的有关法律、法规和政策，清楚用人单位的情况和自己的权利义务，认识到违约行为是对自己乃至学校诚信度的破坏，应慎重。

对于签订"保底"协议，许多毕业生认为这种做法不是不讲诚信，而是双向选择。这种认识其实是错误的，草率地和用人单位签订协议是危险的。毕业生和用人单位签的就业协议不是一张废纸，而是具备相应的法律效力，不能轻易反悔，否则要承担违约责任；如果给用人单位造成损失，还必须承担损害赔偿责任。所以毕业生在签约前一定要慎重。毕业生在遭遇用人单位违约的时候要依法维护自己的利益，及时调整心态，寻找别的工作机会，同时学校应帮毕业生维权。

学校应利用自己在资金、设备、信息等方面的优势帮助毕业生了解用人单位的有关情况，防止毕业生上当受骗。毕业生违约会使用人单位对学校整体信誉产生负面评价，可能会对其他毕业生就业产生不良影响；而用人单位违约会损害学生的利益，也给学校的就业指导工作带来困难。因此，学校一定要处理好毕业生就业协议的签订工作。毕业生应当遵守诚信原则，不可随意毁约或与多家用人单位同时签订就业协议。

为避免到用人单位报到后发生纠纷，签约前达成的对收入、住房和保险等福利待遇的共识最好在协议书的备注栏中注明。如若做不到这一点，毕业生应注意报到后及时和用人单位签订劳动合同。为保险起见，可在签订协议时了解劳动合同的内容，尤其是工作年限和待遇，毕业生应向招聘人员索要样本或复印件，如发生纠纷可以作为维权依据。

（二）就业协议书签订时可先由学校盖章

若用人单位提出由学校先盖章，学生需要出具用人单位接收函（可用传真件）及个人申请。

（三）办理违约手续

签订协议是非常严肃的事，所以签了协议后，原则上不得违约。至于个别毕业生由于种种原因不得不违约的，必须取得下列文书：

（1）原签约单位（包括协议书上盖过章的上级主管部门）书面同意解除协议的函件。

（2）新单位同意接收的函件。

（3）本人的书面申请。

（4）填写违约审批表，并由所在学校系办签署意见。由所在系在规定的时间内统一将毕业生的违约材料送至就业指导中心，经就业指导中心审核同意，再发放新的协议书。

（四）与单位签订就业协议书后更换单位

就业协议书是一份具有法律效力的文件，要慎重签订。如果确实由于个人原因不能履行协议书的内容，须与原签约单位做好解释、协商工作，征得原单位书面同意后（可在原就业协议书上注明同意解除，签字并盖章），可向学校就业指导机构递交申请（院系盖章），在申请中写明原因，并附原单位同意解除协议的书面文件，经批准并登记后交回原协议书，领取新的协议书，再重新办理相关签约手续。

（五）毕业生到用人单位需要办理报到手续

毕业生到用人单位报到须持就业报到证、毕业证、户口迁移证、党（团）关系介绍信、毕业生档案（由校学生档案室通过机要局邮寄）。毕业生持以上证件到单位报到后，还要及时办理落户手续（由个人或用人单位办理），询问用人单位是否已收到个人档案并和用人单位签订劳动合同。

（六）升学的学生在接到深造的录取通知前签约

毕业生如果有可能在签约后得到继续深造的录取通知，应对用人单位实话实说。征得单位同意后，签订就业协议书时须再签订一份附加协议以说明情况，并报给学校。否则，按违约处理。

（七）升学的学生接到深造的录取通知书后放弃升学

升学的学生接到录取通知书后，如果要放弃升学，选择直接就业，务必在省人社厅或省教育厅规定的可办理报到证的时限内，向学校就业指导中心提出申请，由就业指导中心向省人社厅或省教育厅申请，方可办理报到证。

第二节　劳动合同制度

　　大学生经过努力与用人单位确定了工作意向，并不意味着完成就业。对于初涉职场的大学生来说，就业之前还有一个关键环节，就是与用人单位签订劳动合同，它是有力保障劳动者合法权益的重要措施之一。

一、什么是劳动合同

　　我国《中华人民共和国劳动法》第十六条规定："劳动合同是劳动者与用人单位确立劳动关系、明确双方权利和义务的协议。"劳动合同按照标准可被划分为不同的种类，以合同的目的为标准，划分为聘用合同、录用合同、借调合同、停薪留职合同；按照有效期限的不同，划分为有固定期限的合同、无固定期限的合同和以完成一定的工作为期限的劳动合同；按照劳动者人数不同，分为个人劳动合同和集体劳动合同。

二、劳动合同的订立、履行、变更、解除和终止

　　《中华人民共和国劳动法》规定，劳动合同应当以书面形式订立，即应采用书面协议。劳动合同的书面形式有主件与附件之分，劳动合同的主件即为劳动合同书；附件一般指劳动合同的补充协议，如岗位协议书、专项劳动协议书、用人单位依法制定的内部劳动规则等。

（一）劳动合同的订立原则

《中华人民共和国劳动法》第十七条规定："订立和变更劳动合同，应当遵循平等自愿、协商一致的原则，不得违反法律、行政法规的规定。"根据这一规定，订立劳动合同必须遵循下列原则：

1. 合法性原则

劳动合同的订立必须遵守国家宪法和法律法规，不得违反法律法规的规定。

案例：利用假文凭求职，签订的劳动合同无效。2020年3月，某大学生小李由于多门功课不及格，不能顺利拿到毕业证书和学位证书，于是通过非法渠道购买了伪造的某大学本科文凭。在通过一系列的笔试、面试后，小李被一家公司录用。双方签订了3年的劳动合同，约定试用期为3个月。在合同履行3个月后，公司为小李调取档案办理医疗保险、失业保险、养老保险时，发现小李的文凭系伪造，遂通知小李立即解除劳动合同。小李不服，向当地劳动争议仲裁委员会提出申诉，要求确定劳动合同有效，并要求公司支付解除合同的经济补偿金。当地劳动争议仲裁委员会裁决，对申诉人小李的申诉请求不予支持，视双方签订的劳动合同无效，小李要求公司经济补偿的要求无法律依据。

法律分析：劳动合同作为合同的一种，首先应该是签约双方真实意思表示一致的协议。求职者使用假文凭求职，致使用人单位对事实进行错误的判断，录用了该毕业生，公司的录用行为不是一种真实意思的表示。小李为了追求自己的利益，违背诚实信用的基本原则，侵犯了公司合法权益，其行为构成欺诈，小李采取欺诈手段与公司订立的劳动合同，属于无效合同。

2.平等自愿、协商一致的原则

平等是指订立劳动合同过程中，双方当事人的法律地位平等。毕业生和用人单位在自愿的基础上订立劳动合同，任何一方不得将自己的意志强加于对方，也不允许第三者非法干预。

案例：强迫毕业生续订的劳动合同无效。2019年5月，毕业生小黄与某企业签订了为期2年的劳动合同。合同期间，企业为了推进新项目派小黄到香港培训半年，并且双方约定，培训期间劳动合同继续有效，培训时间计入劳动合同履行期内。2021年5月，合同期满，但企业不同意办理小黄解除劳动关系的手续，要求小黄必须续订劳动合同，否则公司要求小黄赔偿为其支付的培训费6万元，为此双方发生纠纷。小黄向当地劳动仲裁部门提出仲裁申请，经过调解，企业同意与小黄解除劳动关系，并放弃收取培训费。

法律分析：这是一起因强迫续订劳动合同而产生的劳动纠纷。本案例中，小黄与该企业的劳动合同期满，双方按照合同规定的条款履行了各自的权利和义务。合同终止后，双方的劳动关系也解除，因为《中华人民共和国劳动法》第二十三条明确规定："劳动合同期满或者当事人约定的劳动合同终止条件出现，劳动合同即行终止。"如果想继续维持双方的劳动关系，那就必须在平等、自愿协商一致的基础上续订劳动合同，如果一方不同意，则不能续订劳动合同。

（二）劳动合同的必备条款

根据《中华人民共和国劳动法》的规定，劳动合同有必备条款和补充条款，下面就劳动合同的必备条款加以阐述。

1. 劳动合同的期限

劳动合同按期限分有固定期限、无固定期限和以完成一定工作为期限的劳动合同。如果是有固定期限的劳动合同，则应约定期限是一年或几年。应届毕业生所签订的绝大多数是有固定期限的劳动合同。所以大家一定要注意劳动合同中对期限的约定，以及关于期限的违约责任的约定。

2. 工作内容

工作内容是指用人单位安排劳动者从事什么工作，是劳动合同中确定的应当履行的劳动义务的主要内容，包括劳动者从事劳动的岗位、工作性质、工作范围以及劳动生产任务所要达到的效果、质量和指标等。

3. 劳动保护和劳动条件

劳动保护和劳动条件是指在劳动合同中约定的用人单位对劳动者所从事的劳动必须提供的生产、工作和劳动安全卫生保护措施，即用人单位保证在劳动过程中为劳动者提供安全健康保护的基本要求，包括劳动场所和设备、劳动安全卫生设施、劳动防护用品等。用人单位不仅必须为劳动者提供必需的劳动条件，而且必须提供符合国家规定的劳动安全卫生条件和劳动保护条件。

4. 劳动报酬

劳动报酬是指用人单位根据劳动者的劳动岗位、技能及工作数量、质量，以货币形式支付给劳动者的工资以及社会保险（养老、失业、医疗、工伤、生育）待遇。劳动报酬的内容和标准不得低于国家法律、行政法规的规定，也不得低于集体合同的规定。

5.劳动纪律

劳动纪律是指劳动者在劳动过程中必须遵守的劳动规则，它是劳动者的行为规范。劳动合同的劳动纪律包括国家法律、行政法规和用人单位内部制定的对劳动者的个人纪律要求，如上下班制度、工作制度、岗位纪律奖惩的条件等。

6.劳动合同的终止条件

劳动合同的终止条件是指劳动关系终止的客观要求，即劳动合同终止的事实理由，一般是指国家法律、行政法规规定的劳动合同终止条件以及劳动者和用人单位协商确定的劳动合同终止条件。特别是在签订无固定期限劳动合同时，双方应约定劳动合同的终止条件。

7.违反劳动合同的责任

违反劳动合同的责任是指在劳动合同履行过程中，当事人一方故意或过失违反劳动合同，致使劳动合同不能正常履行，给对方造成经济损失时应承担的法律后果。在劳动合同中约定违反劳动合同的责任，一般针对国家法律、行政法规没有明确规定的内容；若法律法规已有明确规定的，一方当事人违反劳动合同，应依照法律法规的规定承担违约责任。当事人在劳动合同中约定违反劳动合同的责任，应当符合法律、行政法规的基本精神和原则，公平合理。

（三）劳动合同的履行

劳动合同的履行是指劳动合同的双方当事人按照合同规定，履行各自义务的行为。依法订立的劳动合同具有法律约束力，当事人必须履行合同约定的义务，任何个人或第三方不得非法干涉劳动合同的履行。履行劳动合同一般应遵循以下原则：亲自履行原则、全面履行原则和协作履行原则。

（四）劳动合同的变更

劳动合同的变更是指双方当事人在合同尚未履行或尚未履行完毕之前，依照法律规定的条件和程序，对原劳动合同进行修改或增删的法律行为。劳动合同变更应遵循平等自愿、协商一致的原则，不得违反法律法规的规定，任何一方不得擅自变更劳动合同，否则要承担相应的法律责任。

（五）劳动合同的解除

劳动合同的解除是指劳动合同当事人在劳动合同期限届满之前依法提前终止劳动合同关系的法律行为。劳动合同的解除可分为协商解除、用人单位单方面解除、劳动者单方面解除以及自行解除等。

（六）劳动合同的终止

劳动合同的终止是指符合法律规定或当事人约定的情形时，劳动合同的效力即行终止。《中华人民共和国劳动法》规定："劳动合同期满或者当事人约定的劳动合同终止条件出现，劳动合同即行终止。"

三、劳动合同签订过程中的注意事项

签订劳动合同是毕业生就业后面临的第一个考验。对没有什么社会经历的毕业生来说，在签订劳动合同过程中有可能遭遇"合同陷阱"。为避免毕业生遭受不必要的挫折和损失，下面将有关毕业生在签订劳动合同过程中应注意的事项进行介绍。

（一）及时与用人单位签订劳动合同

就业协议书是毕业生与用人单位确立就业关系的法律依据。毕业生报到后，用人单位应当与毕业生签订正式的劳动合同，在双方签订了劳动合同后，双方的具体劳动关系应当以劳动合同为准。

如果不签订劳动合同，用人单位则可能以就业协议书为双方处理劳动关系的依据，主动权更多地掌握在用人单位手里，因为就业协议很简单，一般不会包括工作期限、工作岗位、工作内容、工作条件、工资报酬、劳动保护、福利待遇、就业协议终止的条件、违反就业协议的责任等条款。

（二）明确劳动合同的必备条款

个别用人单位可能会"钻空子"，有意在劳动合同的工作内容、劳动报酬、劳动保护和劳动条件等方面侵害劳动者的合法权益。劳动关系应以书面文书为基础，口头承诺不能作为依据。

（三）毕业生有知情权，应了解用人单位的相关规章制度

在签订劳动合同时，不少单位可能会给毕业生一本员工工作手册或单位规章制度等材料，此举意味着单位已告知你相关规章制度。因此，发现合同中有涉及单位规章制度的条款，应当先了解这些规章制度，能够接受的话再签字。

（四）签订劳动合同贵在协商、重在约定

劳动关系属于民事关系，所以它适用"有约定从约定，没有约定从法定"的法律原则。法律法规和政策不可能对所有问题都做规定，

鼓励约定是劳动关系中重要的指导原则之一，所以约定在劳动关系中有着非常重要的作用。由于一般的合同往往不可能包含所有约定条款，所以可根据自己劳动合同的重点，确定约定条款的内容。从劳动争议案例来看，在约定条款中，比较容易引起矛盾的往往是服务期限、就业限制、商业秘密、经济赔偿等问题，这也是劳动者或用人单位都要重视的约定内容。

（五）双方可以约定试用期，但不能无视法律的规定

《中华人民共和国劳动法》对试用期有明确规定："劳动合同可以约定试用期。试用期最长不得超过六个月。"根据这个规定，劳动和社会保障部门做出进一步规定：凡是合同中有关试用期的约定超过上述规定的，其超过部分视为正式合同。也就是说，如果你的合同期为五年，而合同规定试用期为九个月，超过规定三个月，那么当你被试用了六个月后，你已自动成为正式职工。

（六）明确违约金的设立依据

《中华人民共和国劳动法》中规定："劳动者违反本法规定的条件解除劳动合同或者违反劳动合同中约定的保密事项，对用人单位造成经济损失的，应当依法承担赔偿责任。"

在劳动过程中若要设违约金条款，合同中就要设保密约定。没有这一内容作为前提，则不允许设违约金条款。违约金的金额不应高于劳动者的年薪。

第三节　劳动争议的解决

在工作过程中，可能会出现由于双方对劳动权利和义务存在不同认识而产生的劳动纠纷。随着劳动合同自治原则的不断深入，劳动合同当事人对合同内容的约定更趋宽泛，因此纠纷的范围、处理程序也表现得更加复杂。大学生由于其身份和参与劳动时间的特殊性，可能涉及的劳动争议关系更为复杂。

一、劳动争议概述

（一）劳动争议的概念及分类

劳动争议，又称劳动纠纷，是指劳动关系双方当事人因执行劳动法律、法规或者履行劳动合同而发生的纠纷。劳动争议双方当事人是用人单位与劳动者；劳动争议以劳动权利、义务的纠纷为内容；劳动争议可以表现为对抗性矛盾，也可能表现为非对抗性矛盾。

劳动争议按照不同的标准，可以分为以下几种类型：

（1）按照当事人的国籍不同，可以分为国内劳动争议与涉外劳动争议。国内劳动争议，是指中国的用人单位与具有中国国籍的劳动者之间发生的劳动争议；涉外劳动争议，是指具有涉外因素的劳动争议，包括中国在国（境）外设立的机构与中国派往该机构工作的人员之间发生的劳动争议、外商投资企业与劳动者之间发生的劳动争议。

（2）按照劳动争议的内容，可以分为因确认劳动关系发生的争议，因订立、变更、解除和终止劳动合同发生的争议，因除名、辞退、辞职、离职发生的争议，因工作时间、休息休假、社会保险、福利待遇、培训以及劳动保护发生的争议，因劳动报酬、工伤医疗费、经济补偿或者赔偿金等发生的争议，还有法律法规规定的其他劳动争议。上述劳动争议属于《中华人民共和国劳动争议调解仲裁法》（简称《劳动争议调解仲裁法》）的调解范围。

（3）按照劳动争议当事人人数的不同，可以分为个人劳动争议和集体劳动争议。个人劳动争议，是指劳动者个人与用人单位发生的劳动争议。集体劳动争议，是指劳动者一方当事人在三人以上，有共同理由的劳动争议。发生劳动争议的劳动者一方在十人以上，并有共同请求的，可以推举代表参加调解、仲裁或者诉讼活动。

（二）劳动争议的处理机构

1.劳动争议调解机构

劳动争议调解委员会，是依法成立的调解本单位劳动争议的群众性组织。我国的劳动争议调解委员会主要有企业劳动争议调解委员会、基层人民调解组织，以及在乡镇、街道设立的具有劳动争议调解职能的组织。企业劳动争议调解委员会由职工代表和企业代表组成。职工代表由工会成员担任或者由全体职工推举产生，企业代表由企业负责人指定。企业劳动争议调解委员会主任由工会成员或者双方推举的人员担任。

2.劳动争议仲裁机构

劳动争议仲裁委员会，是由国家授权，依法独立地对劳动争议案件进行仲裁的专门机构，不按行政区划层层设立。劳动争议仲裁委员会由劳动行政部门代表、工会代表和企业代表组成，人员应当是单数。

劳动争议由劳动合同履行地或者用人单位所在地的劳动争议仲裁委员会管辖，劳动合同履行地的劳动争议仲裁委员会具有优先管辖权。

劳动争议仲裁委员会对劳动争议进行仲裁，实行仲裁庭仲裁制度，仲裁庭仲裁实行少数服从多数的原则。劳动争议仲裁不收费，劳动争议仲裁委员会的经费由财政予以保障。

3. 人民法院

人民法院是审理劳动争议案件的司法机构，由各级人民法院的民事审判庭审理劳动争议案件。人民法院受案范围是《中华人民共和国劳动法》规定的劳动争议，当事人不服劳动争议仲裁委员会裁决，依法向人民法院起诉的，人民法院应当受理。

二、劳动争议处理的基本原则

劳动争议处理的基本原则，是指劳动争议处理机构在处理劳动争议时应当遵守的处理准则。我国处理劳动争议的基本原则包括依法处理原则，着重调解、及时处理原则，当事人在适用法律上一律平等原则。

（一）依法处理原则

依法处理，是指劳动争议处理机构和劳动争议当事人，必须在查明事实的基础上依法协商，依法解决劳动争议。处理劳动争议，要依据法律规定的程序要求和权利义务要求去解决，同时遵循法律的效力层级依法处理。

（二）着重调解、及时处理原则

着重调解，是指在处理劳动争议时，要重视运用调解的方式，它是处理劳动争议的必经程序。着重调解，要在当事人自愿调解的基础上，依法、及时地进行。当遇到当事人不愿调解或者调解不成的情况时，要及时进行裁决，以保障当事人的利益。

及时处理，是指劳动争议的处理应当遵循调解、仲裁、诉讼的程序要求，尽快进行相应程序的处理，保障劳动争议当事人的切身利益。

（三）当事人在适用法律上一律平等原则

劳动争议当事人在其劳动关系中存在着隶属关系，但是双方的法律地位是平等的。在适用法律处理劳动争议的时候，不能因人而异，要严格遵循法律面前人人平等的原则，处理争议的权利义务关系。

三、劳动争议处理的基本程序

根据《劳动争议调解仲裁法》第四条、第五条的规定，发生劳动争议，劳动者可以与用人单位协商，也可以请工会或者第三方共同与用人单位协商，达成和解协议。发生劳动争议，当事人不愿意协商、协商不成或者达成和解协议后不履行的，可以向调解组织申请调解；不愿调解、调解不成或者达成调解协议后不履行的，可以向劳动争议仲裁委员会申请仲裁；对仲裁裁决不服的，除《劳动争议调解仲裁法》另有规定外，可以向人民法院提起诉讼。

（一）协商

发生劳动争议后，当事人应当协商解决，协商一致后，双方可以达成和解协议，当事人可以自觉履行和解协议，但和解协议没有必须履行的法律效力。协商不是处理劳动争议的必经程序。

（二）调解

发生劳动争议，当事人不愿协商、协商不成或者达成和解协议后不履行的，可以向调解组织申请调解。调解委员会调解劳动争议，应当自当事人申请调解之日起 15 日内结束，到期不能结束的，视为调解不成，当事人可以向当地劳动争议仲裁委员会申请仲裁。

调解达成协议的，制作调解协议书，调解协议书一经生效即具有法律效力。当事人在协议约定期限内不履行调解协议的，另一方当事人可以依法申请仲裁。

调解不是劳动争议解决的必经程序，当事人可以不经调解直接向劳动争议仲裁委员会申请仲裁。

（三）仲裁

仲裁是处理劳动争议的必经程序，只要有一方当事人申请仲裁，且争议属于仲裁案件受理范围的，仲裁委员会即予以受理。发生法律效力的仲裁裁决书，一方当事人逾期不履行的，另一方当事人可以向人民法院申请强制执行。我国法律规定，劳动争议案件中当事人如果想要起诉至法院，就必须先经过仲裁程序，未经仲裁的劳动争议案件，人民法院不予受理。

（四）诉讼

当事人对仲裁裁决不服的，可自收到仲裁裁决书之日起15日内向人民法院提起诉讼。对经过仲裁裁决，当事人起诉至法院的劳动争议案件，人民法院应当受理。人民法院审理劳动争议案件实行两审终审制。人民法院一审审结后，对一审判决不服的当事人可以在15日内向上一级人民法院提起上诉。经过二审审理做出的裁决是终审裁决，自送达之日起发生法律效力，当事人必须履行。

四、处理劳动争议的注意事项

社会生活中，由于各方当事人的利益诉求千差万别，发生争执是在所难免的。各方当事人为了更好地维护自己的合法权益，往往求助国家机关，要求支持自己的利益主张。在实际生活中，可能发生权益主张得不到支持，或者虽然得到支持却没有实现自身权益最大化的情况。在劳动争议的处理过程中也同样存在着以上问题。为了更好地维护自身权益，大学生在面对劳动争议时应该冷静分析，并关注以下几方面的问题：

（一）选择最优争议解决方式

在竭力追求和谐、稳定的劳动关系的过程中，发生劳动争议虽不为人所愿，却也是常有的事。一旦发生劳动争议，作为当事人的大学生应该冷静分析，选择最优的解决方式。在分析过程中，应当重点比较解决问题前后的劳动关系变化，个人权益得失，各种解决方式的经济成本、时间成本、人际关系成本，以及自身实际需求等实际损益。在充分考虑以上情况的基础上选择协商、调解、仲裁和诉讼等方式。

（二）穷尽其他手段再启动诉讼程序

诉讼具有最后保障手段的性质，它是在当事人穷尽了其他非司法救济手段而无法维护自身合法权益的情况下，向相关国家机关请求保护其权益的一种方式。司法救济的最后保障手段性质体现在：首先，诉讼在解决各类社会矛盾的方法中处于最高权威，其解决方案具有终局性；其次，司法资源具有稀缺性的特征，它无法完全满足社会纠纷解决的需要。因此，大学生在遇到劳动争议时切勿不顾一切地提起诉讼请求，造成不必要的司法资源浪费，并激化劳资矛盾。在我国劳动争议处理程序中，法律规定劳动争议仲裁作为劳动争议诉讼的前置程序的立法目的也正在于此。同时，在诉讼程序中，当事人所耗费的时间、精力和金钱根据案件的实际情况而不同。当事人因为诉讼请求不当或者缺少法律支持，很可能造成巨大的损失。

（三）细心留存"劳动痕迹"

我国劳动争议仲裁和诉讼程序中，劳动者作为一方当事人承担着相当程度的举证责任。如当事人提起工伤保险赔偿的仲裁或者诉讼，就必须提供相应的证据证明其与用人单位存在劳动合同关系、发生工伤损害的事实、因工伤损害造成的医疗费用等损失。如果劳动者无法提供相应的证据证明这些事实，则很有可能承担举证不能的法律责任。因此，大学生在就业和工作中，要做一个有心人，将可能证明劳动关系、侵害事故的证据逐一存留，以更好地维护自身权益。

参考文献

[1] 张义俊. 大学生职业发展与就业指导 [M]. 北京：人民邮电出版社，2022.

[2] 程钰淇. 大学生职业生涯规划与就业指导的策略研究 [M]. 汕头：汕头大学出版社，2022.

[3] 李秀刚，李新伟，王浚川. 大学生职业生涯规划与就业指导 [M]. 上海：上海交通大学出版社，2022.

[4] 徐桂萍. 大学生职业生涯规划与就业指导 [M]. 北京：中国财政经济出版社，2022.

[5] 杨丽华. 大学生职业素养与就业指导 [M]. 南京：南京大学出版社，2022.

[6] 毕结礼. 职业发展与就业指导 [M]. 北京：机械工业出版社，2021.

[7] 高兴华，蔡舜盈，韦荣. 心理健康与职业生涯 [M]. 北京：研究出版社，2021.

[8] 陶媛媛. 职业生涯规划引导下大学生就业创业指导研究 [M]. 北京：九州出版社，2021.

[9] 吴兴惠，许芳，白军福. 大学生职业生涯规划与就业创业指导 [M]. 北京：人民邮电出版社，2021.

[10] 邹振栋. 大学生职业生涯规划与就业创业指导 [M]. 西安：西安电子科技大学出版社，2021.

[11] 阎芳．大学生职业生涯规划与就业创业指导 [M]. 北京：人民邮电出版社，2021.

[12] 刘巧元，贾效斌．职业生涯规划与指导 [M]. 北京：中国医药科技出版社，2021.

[13] 杨华枝．职业生涯规划与就业创业指导 [M]. 郑州：河南科学技术出版社，2021.

[14] 胥迅，刘妮娅，吴家丽．大学生职业发展与就业指导 [M]. 成都：西南交通大学出版社，2020.

[15] 魏萍，方嫦青，宋晓宇．大学生职业生涯规划与就业指导创新探索 [M]. 北京：中国纺织出版社，2020.

[16] 朱艳军，夏利波，黄快生．新时代大学生职业生涯规划与就业指导 [M]. 北京：科学出版社，2020.

[17] 王青迪．大学生创新创业教育与就业指导 [M]. 上海：上海三联书店，2020.

[18] 谢秋巧．基于 OBE 理念的大学生职业生涯规划与就业指导课程研究与实践 [J]. 创新创业理论研究与实践，2023(9)：25-27.

[19] 徐微．职业生涯规划理念下高职学生就业能力提升路径探索 [J]. 就业与保障，2021(9)：68-69.

[20] 郝滢滢，王谦．基于职业生涯规划的大学生就业指导模式构建研究 [J]. 创新创业理论研究与实践，2022(22)：128-130.

[21] 李文婷．论思政教育在大学生职业生涯规划与就业指导中的融入 [J]. 产业与科技论坛，2022(21)：115-116.

[22] 文苇．以职业生涯规划促进高职院校就业指导工作的路径探讨 [J]. 智库时代，2021(16)：78-79.

[23] 潘艳民. 基于职业生涯规划的大学生个性化就业指导的思考 [J]. 智库时代，2020(6)：117-118.

[24] 康昕. 基于职业生涯规划的大学生就业指导研究 [J]. 新教育时代电子杂志 (学生版)，2015(33)：46-47.

[25] 车琨. 构建职业生涯规划与心理辅导有机结合的就业指导制度 [J]. 学周刊，2015(24)：23.

[26] 刀丽. 基于职业生涯规划的高校应用型人才培养研究 [J]. 华东科技，2022(8)：126-128.

[27] 李进. 职业生涯规划与择业效能感结合的就业指导模式研究 [J]. 浙江交通职业技术学院学报，2012(3)：82-86.

[28] 薛小霜，周琳，严晓燕. 职业生涯规划视角下高职"慢就业"成因及对策探析 [J]. 山西青年，2022(24)：47-49.

[29] 吴巧文. 大学生职业生涯规划与心理健康教育融合途径探索 [J]. 太原城市职业技术学院学报，2023(7)：160-162.

[30] 李想. 高校大学生职业生涯规划能力现实困境和实施路径 [J]. 山西青年，2024(1)：144-146.

[31] 刘芳. 新形势下职业生涯规划在大学生就业指导工作中的应用策略探析 [J]. 大学，2022(6)：87-90.

[32] 余永松. 某高校应届毕业生职业生涯规划的调查研究 [J]. 现代商贸工业，2022(6)：74-76.

[33] 陈文雯. 社会学习理论在大学生职业生涯规划中的应用研究 [J]. 文教资料，2023(11)：164-167.

[34] 沈雁华，张滨，王永. 职业生涯规划与心理辅导相结合就业指导体系的构建 [J]. 牡丹江师范学院学报 (哲学社会科学版)，2011(3)：125-126.

[35] 汪贞.大学生职业生涯规划全程化培养的策略研究 [J]. 商展经济，2021(8)：131-133.

[36] 林晓丹.基于职业生涯规划提高大学生创新创业能力思考 [J]. 质量与市场，2021(22)：70-72.

[37] 原晓敏，李兴华，张东明.浅析大数据视角下高校生涯规划指导体系研究 [J]. 科技风，2022(12)：148-150.

[38] 钱晓丹.大学生职业生涯规划中的思想政治教育优化策略 [J]. 佳木斯职业学院学报，2022(12)：146-148.